FALTPLAN

»Schreiben Sie uns!

Wir hoffen, dass Ihnen dieser Reiseführer gefällt und er Ihnen ein guter Begleiter auf einer außergewöhnlichen und spannenden Reise ist.

Weil ein Reiseführer von Erfahrungen lebt, sind wir an Ihren Erlebnissen interessiert: Haben Sie im Buch ein Restaurant entdeckt, das es nicht mehr gibt, eine Sehenswürdigkeit, die wir noch nicht aufgeführt haben, oder eine falsche Adresse? Dann schreiben Sie uns!

Wir nehmen jeden Hinweis und jede Kritik ernst und arbeiten kontinuierlich daran, die Bücher aktuell zu halten und immer weiter zu verbessern. Auch wenn wir nicht jeden Wunsch erfüllen können, machen wir uns immer Gedanken über Ihre Anmerkungen.

Schreiben Sie an: info@reise-know-how.de oder Reise Know-How Verlag Peter Rump GmbH, Postfach 140666, 33626 Bielefeld

Wenn sich Ihre Infos direkt auf das Buch beziehen, bitten wir um die Angabe der Seitenzahl und der Auflagennummer bzw. des Erscheinungsjahres. Besonders hilfreiche Beiträge belohnen wir mit einem Sprachführer Ihrer Wahl aus unserer „Kauderwelsch"-Reihe.

Herzlichen Dank und gute Reisen
Ihr Reise Know-How Verlag

Diesem Buch wurde hier ein herausnehmbarer Faltp... ...ller nach.
Sollte er beim Erwerb des Buches nicht mehr vorhanden se...

Liebe Leserin, lieber Leser,

ein unabhängiger Verlag für unabhängig Reisende – das sind wir, der Reise Know-How Verlag aus Bielefeld, eines der letzten Familienunternehmen in der Branche. Obwohl wir zu den größten Reiseführerverlagen Deutschlands gehören, ist der familiäre Umgang miteinander in allen Bereichen des Verlagslebens zu spüren: In der Geschäftsführung in zweiter Generation, in einer wertschätzenden Arbeitsatmosphäre, in der Nähe zu unseren frei arbeitenden Autorinnen und Autoren, im engen Austausch mit unseren Leserinnen und Lesern – und auch in der Zusammenarbeit mit Druckereien in Deutschland, in denen wir ausschließlich und regional unsere Bücher produzieren. Die sollen schließlich erst mit Ihnen auf große Reise gehen.

Alles, was wir in unsere Bücher und Landkarten stecken, soll Ihnen eines ermöglichen: Auf Ihre ganz eigene, individuelle Weise die Welt zu entdecken. Wir wünschen Ihnen viel Freude und unvergessliche Erlebnisse mit diesem Reiseführer.

Es grüßen herzlich
Peter Rump & Wayan Rump

Wo der Rhein seine liebsten Töchter findet

Der Rhein, die Mosel, die Lahn. Wo die beiden Flussdamen ihren „Vater Rhein" finden, liegt Koblenz: eine alte Stadt, die schon die Römer kannten, die aber auch lange Zeit Preußens Macht demonstrierte. Das sieht man ihr an Bauten wie der Festung Ehrenbreitstein 19 heute noch an. Inbegriff dieser Zeit ist das Reiterdenkmal am Deutschen Eck 6, das am Zusammenfluss von Mosel und Rhein an die Gründung des Deutschen Reichs im Jahr 1871 erinnern sollte.

Von einst bischöflicher Macht zeugt das Kurfürstliche Schloss am Rheinufer 3, andere Prachtbauten von der Zeit als vielleicht größte Garnisonsstadt Europas.

Ein anderes Gesicht der Stadt zeigen die Bauten der Moderne – wie am Zentralplatz, wo das Mittelrhein-Museum 1 zu Hause ist.

Was Koblenz für Urlauber und Feriengäste zudem attraktiv macht, sind die vielen, praktisch vor der Haustür gelegenen Ausflugsziele. Romantische Städtchen wie Boppard 31 oder St. Goar 32 am Rhein, Bad Ems 28 an der Lahn oder Cochem 35 an der Mosel – alle nicht mehr als eine Auto- oder Bahnstunde entfernt. Freunde alter Burgen kommen auf Schloss Stolzenfels 21, der Marksburg 30 oder Burg Eltz 34 auf ihre Kosten.

Für Architekturfreunde sind das Kloster Maria Laach 24 mit der vielleicht schönsten deutschen romanischen Klosterkirche oder das Denkmalensemble Sayner Hütte 26 ein Muss. Der Kaltwasser-Geysir in Andernach 22 ist ein besonders eindrucksvolles Naturerlebnis. Zu entdecken gibt es in und um Koblenz genug, Langeweile brauchen Besucher nicht zu fürchten!

Der Autor

Mehr als ein Dutzend Reiseführer hat **Günter Schenk** bereits für den Reise Know-How Verlag geschrieben. Mit diesem Band würdigt er eine seiner Lieblingsregionen. Denn für den in Mainz lebenden Journalisten vereinen sich am Zusammenfluss von Rhein und Mosel Tradition und Moderne. Jahrzehntelang hat er die Geschicke der Stadt als Korrespondent für das Land Rheinland-Pfalz beim größten deutschen Fernsehsender verfolgt, war nicht nur bei Hochwasser immer wieder vor Ort. Für die Neuauflage dieses Buchs hat er die Stadt wieder einmal unter die Lupe genommen.

Als Reisejournalist arbeitet Günter Schenk für Zeitungen und Zeitschriften sowie als Buchautor. Für den Reise Know-How Verlag hat er neben Reiseführern über die Belgische Küste sowie den Rheingau und Rheinhessen auch die CityTrips Mainz, Wiesbaden, Baden-Baden, Heidelberg, Karlsruhe, Mannheim, Antwerpen, Brüssel, Liverpool, Rotterdam und Vilnius verfasst.

110ko-gs

CITY|TRIP KOBLENZ

Inhalt

1 Wo der Rhein seine liebsten Töchter findet
1 Der Autor

7 Koblenz entdecken

8 Willkommen in Koblenz
10 Koblenz an einem Tag
11 Kurztrip nach Koblenz
13 Das gibt es nur in Koblenz
14 Empfehlenswerter Stadtspaziergang

15 Altstadt
16 1 Forum Confluentes mit Mittelrhein-Museum ★★ [C3]
18 2 Theater Koblenz ★ [D4]
20 3 Kurfürstliches Schloss ★★ [D4]
21 4 Rhein-Anlagen (Konrad-Adenauer-Ufer und Kaiserin-Augusta-Anlagen) ★★★ [E4]
22 Großbaustelle Rheinbrücke
24 Peter Joseph Lenné – der Vater des grünen Koblenz
25 5 Seilbahn ★★★ [E2]
26 6 Deutsches Eck mit Kaiser-Wilhelm-Denkmal ★★★ [E2]
28 Das Deutsche Eck
29 7 Ludwig Museum (Deutschherrenhaus) ★★ [E2]
30 8 Basilika St. Kastor ★★★ [E2]
32 9 Moselanlagen (Peter-Altmeier-Ufer) ★★ [E2]
34 10 Florinskirche und Florinsmarkt ★★ [C2]
36 11 Münzplatz ★ [C3]
36 12 Liebfrauenkirche und Umgebung ★★ [C3]
38 13 Jesuitenplatz mit Rathaus und Citykirche ★★ [D3]
39 14 Schängelbrunnen ★★ [D3]
40 15 Görresplatz ★★ [D3]

Blick aus der Marksburg 30 auf den Rhein (106ko-gs)

41 **Südliche Vorstadt (Neustadt) und Karthause**
42 16 Bahnhof und Bahnhofplatz ★ [B6]
43 17 Fort Konstantin (Rheinisches Fastnachtsmuseum) ★ [A6]

43 **Außerhalb des Stadtzentrums**
43 18 Ehrenbreitstein ★ [F3]
45 19 Festung Ehrenbreitstein und Landesmuseum Koblenz ★★★ [G2]
48 Von der Bischofsburg zur Museumslandschaft: zur Geschichte der Festung
50 20 Wehrtechnische Studiensammlung Koblenz ★ [Faltplan]
51 21 Schloss Stolzenfels ★★★ [Faltplan]

53 **Entdeckungen im Umland**
53 22 Kaltwasser-Geysir Andernach ★★★ [Faltplan]
54 Römischer Grenzwall als Weltkulturerbe
56 23 RömerWelt Rheinbrohl ★ [Faltplan]
57 24 Kloster Maria Laach mit Laacher See ★★★ [Faltplan]
60 25 Zoo Neuwied ★ [Faltplan]
62 26 Sayn mit Sayner Hütte und Schmetterlingsgarten ★★★ [Faltplan]
65 27 Höhr-Grenzhausen (Kannenbäckerland) ★ [Faltplan]
66 28 Bad Ems ★★★ [Faltplan]
69 29 Lahnstein ★ [Faltplan]
70 30 Marksburg (Braubach) ★★★ [Faltplan]
71 31 Boppard ★★ [Faltplan]
73 32 St. Goar und St. Goarshausen ★ [Faltplan]
75 33 Loreley ★★★ [Faltplan]
76 Lore Lay – eine Zauberin macht Geschichte(n)
79 34 Burg Eltz ★★★ [Faltplan]
80 35 Cochem ★★★ [Faltplan]

83 Koblenz erleben

84 Koblenz für Kunst- und Museumsfreunde
87 Koblenz für Genießer
93 Koblenz am Abend
96 Koblenz zum Stöbern und Shoppen
101 Koblenz zum Durchatmen
102 Deutschlands wohl schönste Landschafts-Bilderbibel
103 Zur richtigen Zeit am richtigen Ort

105 Koblenz verstehen

106 Koblenz – ein Porträt
108 Von den Anfängen bis zur Gegenwart
112 Leben in Koblenz
114 Welterbe „Kulturlandschaft Oberes Mittelrheintal“

117 Praktische Reisetipps

118 An- und Rückreise
119 Autofahren
120 Barrierefreies Reisen
120 Diplomatische Vertretungen
120 Geldfragen
120 Koblenz preiswert
121 Informationsquellen
122 Meine Literaturtipps
122 LGBT+
122 Medizinische Versorgung
123 Mit Kindern unterwegs
125 Notfälle
125 Post
125 Radfahren
126 Sicherheit
127 Sport und Erholung
127 Stadttouren
128 Unterkunft
130 Verkehrsmittel
132 Wetter und Reisezeit

133 Anhang

134 Register
137 Koblenz mit PC, Smartphone & Co.
140 Impressum
141 Liste der Karteneinträge
143 Benutzungshinweise, Zeichenerklärung
144 Liniennetzplan Koblenz

Cleveres Nummernsystem

Die Sehenswürdigkeiten sind im Text und im Kartenmaterial mit derselben **magentafarbenen ovalen Nummer** 1 markiert. Alle anderen Lokalitäten wie Geschäfte, Restaurants usw. tragen ein **Symbol und eine fortlaufende rote Nummer** (1). Die Liste aller Orte und die Zeichenerklärung befinden sich im Anhang.

Bewertung der Sehenswürdigkeiten

★★★ nicht verpassen
★★ besonders sehenswert
★ wichtig für speziell interessierte Besucher

Planquadrat im Kartenmaterial

[A1] Orte ohne diese Angabe liegen außerhalb unserer Karten. Alle Ortsmarken werden in der buchbegleitenden Web-App angezeigt (s. S. 137).

Alle weiteren Benutzungshinweise s. S. 143.

Detail eines Brunnens in der Fußgängerzone Entenpfuhl [C3]

075ko-gs

NICHT VERPASSEN!

5 Seilbahn [E2]
Eine Seilbahn verbindet die Wahrzeichen der Stadt: das Deutsche Eck und die Festung Ehrenbreitstein. Während der Gondelfahrt liegt einem die Weltkulturerbe-Landschaft buchstäblich zu Füßen (s. S. 25).

6 Deutsches Eck mit Kaiser-Wilhelm-Denkmal [E2]
Zu Besuch bei Kaiser Wilhelm! Wo Rhein und Mosel zusammenfließen, thront der einst umtriebige Monarch heute auf einem haushohen Sockel (s. S. 26).

8 Basilika St. Kastor [E2]
In der romanischen Bilderbuch-Basilika wurde im Mittelalter Geschichte geschrieben. Hier trafen sich Kaiser, Könige und Bischöfe (s. S. 30).

19 Festung Ehrenbreitstein und Landesmuseum Koblenz [G2]
„Rheinisches Gibraltar" nennen die Einheimischen die mächtige Festung über dem Rhein. Sie bietet einen fantastischen Ausblick – und immer interessante Ausstellungen (s. S. 45).

21 Schloss Stolzenfels [Faltplan]
Stolzenfels ist ein preußisches Prunkschloss mit einmaligen Gartenanlagen – ein Zusammenspiel von Kunst, Kultur und Natur (s. S. 51).

22 Kaltwasser-Geysir Andernach [Faltplan]
Live und hautnah: Auf einer Rhein-Halbinsel speit ein Geysir bis zu 60 m hohe Fontänen (s. S. 53).

24 Kloster Maria Laach mit Laacher See [Faltplan]
Die mittelalterlichen Charme versprühende Pracht-Abtei gilt als Deutschlands schönstes romanisches Kloster (s. S. 57).

28 Bad Ems [Faltplan]
Die Bäderstadt an der Lahn trägt neuerdings den Titel Weltkulturerbe: Kurhaus und Therme sind Teil der „Great Spas of Europe" (s. S. 66).

KOBLENZ ENTDECKEN

127ko©saiko3p, stock.adobe.com

Zu jeder Jahreszeit und an jedem Tag: Koblenz ist immer eine Reise wert – auch weil es als Einkaufsstadt kräftig punkten kann (s. S. 96). Besonders aber lockt die Stadt im Sommer und Herbst, wenn manches Fest an Rhein und Mosel eine Steigerung der Lebensfreude verspricht (s. S. 103). Und wenn das Wetter einmal nicht mitspielt: In den Museen (s. S. 84) der Stadt haben Kälte, Wind und Regen Hausverbot.

Koblenz erobert man **am besten zu Fuß**, denn die wichtigsten Sehenswürdigkeiten liegen eng beisammen. Orientierungspunkt ist die **Festung Ehrenbreitstein** 19 auf dem rechten Rheinufer, die immer den Weg zum Fluss signalisiert. Zu ihren Füßen, wo Mosel und Rhein zusammenfinden, erstreckt sich das **Deutsche Eck** 6, schräg dahinter die **Altstadt** mit ihren engen Gassen, Kirchen, stattlichen Profanbauten und vielen kleinen und großen Plätzen. Das ehemalige **Kurfürstliche Schloss** 3 markiert den Übergang zur **Neustadt**, die – vom Rheinufer und einigen schönen Häusern aus der Zeit um die vorletzte Jahrhundertwende mal abgesehen – touristisch weniger zu bieten hat. Dreh- und Angelpunkt in der Neustadt ist der Hauptbahnhof.

Da sich die wichtigsten Touristenziele fast alle im Stadtkern oder nur ein paar Busminuten entfernt befinden, brauchen Koblenz-Besucher eigentlich kein Auto. Wer jedoch die **Sehenswürdigkeiten im Umfeld** – die romantische **Marksburg** 30 und den neu gestalteten **Loreley-Felsen** 33 im Süden, das zum Weltkulturerbe gehörige **Kloster Maria Laach** 24 im Norden, **Bad Ems** 28 mit seinen zum **Weltkulturerbe** zählenden Kureinrichtungen im Osten oder die Moselwein-Metropole **Cochem** 35 im Westen – erkunden will, ist mit dem Pkw in oft weniger als einer halben Stunde vor Ort. Vom späten Frühjahr bis in den Herbst lässt sich die Region auch wunderbar mit dem **Schiff** entdecken.

‹ *Vorseite: Der urige Platz „Am Plan" im Herzen der Altstadt*

Willkommen in Koblenz

Warum ist es am Rhein so schön? Weil es Städte wie Koblenz gibt! Dabei hat die Stadt keine Weltattraktion, die jeder einmal in seinem Leben gesehen haben muss. Was Koblenz so anziehend macht, sind seine Lage und seine Geschichte, die sich in einmaligen Bauten wie dem Kurfürstlichen Schloss 3, der Festung Ehrenbreitstein 19 oder der Kastorkirche 8 spiegelt, aber auch in modernen Musentempeln wie dem renommierten Mittelrhein-Museum. Hinzu kommt eine Altstadt mit kleinen und großen Plätzen von zeitloser Eleganz, die der Stadt ihren eigenen Charme verleihen. Mit ihren Restaurants und Cafés sind sie vor allem im Sommer Treffpunkt von Alt und Jung.

In der mittelrheinischen Metropole, geadelt mit dem Etikett des **Weltkulturerbes**, zählt das Ambiente, fasziniert die Kulisse. Gotik mischt sich mit Romanik, Barock mit Klassizismus, Tradition trifft auf Moderne. Dabei sollte man nie vergessen, dass Koblenz im Zweiten Weltkrieg stark zerstört wurde und ein Großteil der Altstadt lange Zeit in Trümmern lag. Inzwischen aber sind fast alle Wunden, die der Krieg geschlagen hat, geheilt.

Koblenz ist kein urbaner Moloch wie manch andere Großstadt am Rhein, sondern mit rund 115.000 Einwohnern für die meisten Menschen noch überschaubar. So sind Fußgänger vom **Deutschen Eck** 6 zur Balduinbrücke nur eine knappe Viertelstunde unterwegs, nicht mehr braucht man von der **Liebfrauenkirche** 12 ans Rheinufer.

Verlaufen kann man sich im Herzen von Koblenz eigentlich nie. Ziemlich bald landet man an einem der Ufer von Rhein oder Mosel, an der Bahnlinie im Westen oder der Bundesstraße 49, die die Alt- von der Neustadt trennt.

Touristisch ist die Stadt schnell erobert. Neben der Altstadt mit dem Deutschen Eck und der jüngeren **Südstadt** (Neustadt) mit ihren alten Villen ist die **Festung Ehrenbreitstein** 19 Touristenziel Nummer Eins. Im Süden lockt **Schloss Stolzenfels** 21. Nördlich der Mosel liegen die Stadtteile **Lützel** und **Metternich**, in denen – wegen der Universität und zahlreicher Einrichtungen der Bundeswehr – viele Studenten und Soldaten zu Hause sind. Romantiker fühlen sich in **Lay** und **Moselweis** gut aufgehoben, zwei kleinen Mosel-Weindörfern, die mit viel Fachwerk und urigen Kneipen punkten.

Das Deutsche Eck 6*: hier fließen Mosel und Rhein zusammen*

MEIN TIPP

Chorgesang in heiligen Hallen

Jeden ersten Sonntag im Monat lädt Koblenz zum ökumenischen Abendgebet mit Chorgesang – von Mai bis Oktober in die **evangelische Florinskirche** 10, im Winter in die **katholische Basilika St. Kastor** 8. Beginn ist um 17 Uhr.

Koblenz an einem Tag

„Koblenz an einem Tag" ist für viele Hunderttausend Besucher jährlich Realität. Sie kommen in der Regel zur Stippvisite am Deutschen Eck, schauen sich den Kaiser hoch zu Ross auf seinem gigantischen Sockel an, fahren mit der Seilbahn auf die Festung Ehrenbreitstein, bummeln eine oder zwei Stunden gemütlich durch die Altstadt – und sind am frühen Abend wieder verschwunden. Dabei gibt es am Zusammenfluss von Rhein und Mosel viel mehr zu entdecken: Jahrhundertealte Kirchen wie St. Kastor, St. Florin oder Liebfrauen laden zur Besichtigung und das Hinsehen in renommierten Musentempeln wie dem Mittelrhein-Museum lohnt sich. Ein Vorschlag für einen erlebnisreichen Stadtspaziergang findet sich auf Seite 14.

085ko-gs

Vom einen Museum ins nächste, vom Rhein- zum Moselufer oder von romanischen Kirchen zu kurfürstlichen Bauten sind es oft nur ein paar Fußminuten. Shoppingfreunde kommen in der **Löhrstraße** [B4–6], der geschäftigsten Einkaufsmeile, ebenso auf ihre Kosten wie in den großen Einkaufszentren (s. S. 97). Was den Stadtbummel in der gemütlichen Altstadt aber besonders attraktiv macht: Ihr Kern ist eine einzige Fußgängerzone!

Zu den wichtigsten touristischen Sehenswürdigkeiten gehören das **Deutsche Eck** 6 und die Fahrt mit der **Seilbahn** 5 zur **Festung Ehrenbreitstein** 19, wo den Besucher zahlreiche Ausstellungen erwarten. Stippvisiten im **Forum Confluentes** 1 mit dem sehenswerten Mittelrhein-Museum und der Stadtbibliothek, im modernen **Ludwig Museum** 7 oder der **Wehrtechnischen Studiensammlung der Bundeswehr** 20 im Stadtteil Lützel stehen bei Reisenden hoch im Kurs. Unter den Gotteshäusern sind vor allem **St. Kastor** 8 und **St. Florin** 10 einen Abstecher wert. Und im Sommer gehört **Schloss Stolzenfels** 21, das preußische Bilderbuchschloss ganz im Süden der Stadt, unbedingt auf den Besuchszettel. Beliebt ist auch immer ein Bummel entlang der Flüsse: Am **Konrad-Adenauer-Ufer** 4 fasziniert der Rhein, am **Peter-Altmeier-Ufer** 9 die Mosel.

Ansonsten ist es die **Altstadt**, die Koblenz-Reisende immer wieder beeindruckt. Ein vor allem im Hochsommer mediterran anmutendes Ensemble aus engen Gassen und kleinen

Vor allem an Sommerabenden dicht umlagert: die Liebfrauenkirche 12 mit ihren mächtigen Türmen

Plätzen, deren Terrassencafés und -restaurants viel Gelassenheit verströmen. Wer die Schönheiten und Sehenswürdigkeiten aber nicht nur abhaken will, sollte mindestens für ein verlängertes Wochenende bleiben, denn auch in der näheren Umgebung gibt es vieles zu entdecken – das meiste zudem mit Bus und Bahn.

Kurztrip nach Koblenz

1. Tag

Vormittags

Warum im Hotel frühstücken? Vor allem Langschläfern bieten sich die vielen Frühstückslokale in der Altstadt an. Von Frühjahr bis Herbst laden zudem **Am Plan**, am **Münz-** 11, **Jesuiten-** 13 **oder Görresplatz** 15 gemütliche Terrassen zum Wachwerden. Kaffee oder Tee? Es darf auch mal ein Gläschen Sekt sein, das die Lebensgeister weckt! So gerüstet gilt es die Altstadt zu entdecken, das Koblenzer Herz. Wer möchte, kann sich direkt auf den auf Seite 14 beschriebenen **Stadtspaziergang** machen.

Schnäppchensucher bummeln gern die **Löhrstraße** [B4–6] entlang, die wichtigste Einkaufsmeile in Koblenz. Oder sie machen im **Forum Mittelrhein** (s. S. 97) Station, dem Shoppingcenter am Zentralplatz, wo man gleich auf mehreren Etagen einkaufen kann. Wer keine Lust zum Shoppen hat, findet im Gebäude gegenüber das **Mittelrhein-Museum** 1, Rhein- und Moselufer locken mit **Wein- und Biergärten** sowie gemütlichen **Terrassenrestaurants** wie Gerhards Genussgesellschaft (s. S. 89), wo mittags möglicherweise der in Koblenz beheimatete

009ko-gs

Thomas Anders, einst die „bessere Hälfte" des Popduos Modern Talking, am Nebentisch sitzt.

Nachmittags

Jetzt beginnt die Qual der Wahl! Spielt das Wetter mit, ist eine Schiffstour Richtung **Boppard** 31 oder **Cochem** 35 angesagt, die einem die Schönheiten von Rhein und Mosel näherbringt. Eine Alternative ist eine Fahrt mit der **Seilbahn** 5 auf die **Festung Ehrenbreitstein** 19, wo es nicht

Vor allem im Sommer trifft man beim Stadtbummel auf so manchen Straßenkünstler

086ko-gs

nur den schönsten Blick auf Koblenz und die Moselmündung, sondern auch interessante Museen gibt. Neben Dauerausstellungen präsentieren sie Jahr für Jahr auch attraktive Sonderschauen.

Wer will, spaziert von der Festung hinab ins beschauliche **Ehrenbreitstein** 18 mit dem **Rhein-Museum** (s. S. 45), das vom Leben auf und am Fluss erzählt. Die meiste Zeit des Jahres bringt dann eine Personenfähre, der „Schängel“, ihre Passagiere über den Rhein zurück ans andere Ufer, ansonsten quert man die Rheinbrücke. Ein Päuschen zum Verschnaufen – ob im Hotelzimmer oder auf einem der Altstadtplätze – sollte vor dem Abendessen noch drin sein!

Abends

Gut Essen, Kulturgenuss oder eine kleine Sause? Abends muss man sich erneut entscheiden. Wer es volksnah mag, zieht durch die **Altstadtkneipen** rund um die Burgstraße [C2]. In den Gassen zwischen **Münz- und Jesuitenplatz** [C–D3] gibt es viele urige Plätze, auf denen die meiste Zeit des Jahres Stühle und Tische auch abends noch zum gemütlichen Zwischenstopp laden.

Kulturfreunde finden im **Theater Koblenz** 2 mit seinen drei Bühnen oder im **Kleinkunstcafé Hahn** (s. S. 95) immer wieder interessante Angebote.

2. Tag

Vormittags

Viele spannende Entdeckungen finden sich nicht einmal eine halbe Autostunde von Koblenz entfernt, oft sind sie sogar bequem mit dem Stadtbus oder der Regionalbahn zu erreichen. Da ist zum Beispiel der **Zoo in Neuwied** 25, der vor allem für Familien mit Kindern eine sehr gute Adresse ist. Hunderte bunter Falter gibt es im **Schmetterlingsgarten von Sayn** 26 zu bewundern und nur ein paar Schritte weiter mit der **Sayner Hütte** 26 ein Industriedenkmal von Weltrang. In Andernach spuckt regelmäßig ein beeindruckender **Kaltwasser-Geysir** 22 auf einer Rheinhalbinsel, die man per Schiff erreicht, seine Wasserfontänen in den Himmel. Liebhaber alter Gemäuer sollten der **Marksburg** 30, **Schloss Stolzenfels** 21 oder der **Burg Eltz** 34 einen Besuch abstatten. Neu gestaltet und als Kulturpark hergerichtet, ist auch das **Plateau auf dem Loreleyfelsen** eine gute Ausflugsadresse (s. S. 75).

Das gibt es nur in Koblenz

- **Deutschlands kleinster Weinberg:** Seit einem halben Jahrhundert rühmt sich Koblenz dieser Sehenswürdigkeit. Der Weinberg liegt direkt hinter dem Weindorf Koblenz (s. S. 94) und erbringt mit seinen 750 Weinstöcken jährlich rund 1500 Liter Wein, vor allem Weißburgunder. Die Trauben werden von Hand gelesen, weil für Erntemaschinen kein Platz ist. Der als Einzellage registrierte Weinberg gehört der Stadt.
- **Landschafts-Bilderbibel:** Im Vorort Arenberg gibt es einen in Deutschland einmaligen Park zur religiösen Erbauung: eine Landschafts-Bilderbibel aus dem 19. Jh. Die heute unter Denkmalschutz stehende Parklandschaft mit ihren mehr als 50 kleinen Kapellen, Grotten, Bildstöcken, Marien- und Heiligenfiguren ist ein Bollwerk des Glaubens, der einst Gottes Botschaft buchstäblich vor Augen führen wollte. Inzwischen freilich kommen die meisten Besucher nicht mehr nur aus religiösem Interesse, sondern aus Neugier und weil sie ein bisschen Ruhe und Einkehr suchen (s. S. 102).
- **Hitler-Tagebücher:** Seit 2023 liegt im Bundesarchiv in Koblenz eine der populärsten Fälschungen der deutschen Geschichte. 1983 hatte der „Stern“ die angeblichen Hitler-Tagebücher für knapp 10 Millionen D-Mark angekauft und teilweise veröffentlicht. Nachdem das Bundeskriminalamt sie als Fälschung entlarvt hatte, landeten sie im Archiv des Verlags. Der übergab sie schließlich dem Bundesarchiv, dem Hüter der wichtigsten Archivalien der Geschichte der Bundesrepublik. Die „Originale“ werden gut verwahrt, digitalisiert sollen sie der Öffentlichkeit zur Verfügung gestellt werden (www.bundesarchiv.de, Info-Tel. 0261 5050).

Nachmittags

Wer den Tag nicht für einen Ausflug in die Umgebung nutzt, findet auch in Koblenz weiteres Entdeckenswertes. Gotteshäuser wie **St. Kastor** 8, **St. Florin** 10 oder die **Liebfrauenkirche** 12 sind durchaus längere Stippvisiten wert. Technisch Interessierte finden in der **Wehrtechnischen Sammlung der Bundeswehr** 20 allerlei Ausstellungsstücke von der Uniform bis zum Panzer. Und wenn das Wetter einmal gar nicht mitspielt: Im nahen **Bad Ems** 28, nur ein paar Bahn- oder Busminuten entfernt, kann man sich im warmen Wasser der Therme der Tiefenentspannung widmen.

Abends

In einem der Altstadtrestaurants, einem Biergarten oder einem Weinlokal könnte die Koblenz-Visite gemütlich ausklingen. An warmen Sommerabenden auch am (künstlichen) Moselstrand oder am rechtsrheinischen Ufer, wo man den Sonnenuntergang besonders genießen und von Zeiten träumen kann, als man am Zusammenfluss von Rhein und Mosel noch Weltgeschichte schrieb.

Das Denkmal „Vater Rhein und Mutter Mosel“ (s. S. 21) im Garten des Kurfürstlichen Schlosses 3

Empfehlenswerter Stadtspaziergang

Der **Zentralplatz** [C3/4] ist der beste Ausgangspunkt für einen Stadtspaziergang. Durch eine große Bushaltestelle und ein Parkhaus ist er bestens angeschlossen und in der Tourist-Info im **Forum Confluentes** ❶ gibt es Informationen, die auf dem Rundgang vielleicht von Nutzen sind.

Über Clemensstraße und Neustadt, vorbei am Stadttheater ❷, geht es Richtung **Kurfürstlichem Schloss** ❸. An dessen Südflanke befindet sich die zurzeit größte Koblenzer Baustelle (s. S. 22), sodass es sinnvoll ist, via Stresemannstraße zum Rheinufer zu gehen und von da den **Schlossgarten** (s. S. 21) zu betreten. Dort, an der Schokoladenseite des Gebäudes, steht das Denkmal von Vater Rhein und Mutter Mosel. Am Rhein entlang geht es weiter gen Norden. Am Pegelhaus, neben dem die Fähre nach **Ehrenbreitstein** ⓲ ablegt, muss man sich entscheiden: Wer Zeit und Muße hat und auch das rechtsrheinische Ehrenbreitstein mit dem **Rhein-Museum** (s. S. 45) kennenlernen will, kreuzt den Fluss per **Fährschiff.** Eher Fußfaule und alle, die es eiliger haben, bummeln am Ufer entlang weiter zur **Seilbahn** ❺, die einen in wenigen Minuten auf die **Festung Ehrenbreitstein** ⓳ bringt. Die Fährgäste streifen nach kurzer Überfahrt über den Rhein quer durch die Koblenzer Vorstadt Ehrenbreitstein, von wo zwei Wege zur Festung führen: Entweder nimmt man den manchmal schweißtreibenden Fußweg gleich hinter dem Rhein-Museum (Felsenweg) oder man fährt bequem mit dem Festungsaufzug bergauf. Ein paar Stunden kann man auf dem Festungsgelände mit seinen Ausstellungshäusern leicht verbringen, ehe die Seilbahn einen zurück ans linksrheinische Ufer bringt. Eine einmalige Fahrt, bei der einem ganz Koblenz buchstäblich zu Füßen liegt! Wer auf der Festung keine Pause gemacht hat, sollte sich spätestens jetzt eine Auszeit gönnen – im Sommer am besten in einem der Terrassenrestaurants am Rheinufer.

Zumindest eine kurze Stippvisite ist die **Kastorkirche** ❽, eine der wichtigsten Sehenswürdigkeiten der Stadt gleich neben der Seilbahn-Station, wert. Der **Kastorbrunnen** auf dem Platz vor dem Haupteingang hat seine eigene Geschichte (s. S. 30). Ein Tor führt an alten Ruinen und modernen Skulpturen vorbei zum **Ludwig Museum** ❼. Von dort ist es nur ein Katzensprung zum bekannten **Deutschen Eck** ❻.

An der Mosel entlang führt der Weg über das **Peter-Altmeier-Ufer** zur Alten Burg vor der Balduinbrücke, durch deren Hof eine Treppe zur Burgstraße und weiter zum **Florinsmarkt** ❿ mit der schön renovierten Florinskirche führt. Jetzt taucht man in die historische **Altstadt** ein: Die

Routenverlauf im Stadtplan

Der hier beschriebene Spaziergang ist mit einer farbigen Linie im Stadtplan eingezeichnet.

Mein Tipp

Unterwegs mit der Koblenz Card

Preiswert und praktisch ist die 24 Stunden gültige Koblenz Card. Sie garantiert nicht nur einen Tag lang freie Fahrt mit Bus und Bahn im Stadtgebiet, sondern auch zahlreiche Ermäßigungen (s. S. 120).

Florinspfaffengasse führt zur **Liebfrauenkirche** ⓬, die ebenfalls eine kurze Visite verdient hat. In ihrem Schatten liegen Gemüse- und Mehlgasse, zwei enge Gässchen mit viel Flair. Da gilt es, einfach nur zu bummeln! Nächste Station ist der **Münzplatz** ⓫ mit seinen Cafés und Restaurants. Die beste Gelegenheit, vor dem Rundgangsfinale noch einmal aufzutanken!

Über die Marktstraße, die Straße Am Plan und den von zahlreichen Modegeschäften gesäumten Entenpfuhl geht es über die Firmungstraße zum **Jesuitenplatz** ⓭. Hinter dem dortigen **Rathaus** steht der **Schängelbrunnen** ⓮, der Lieblingsbrunnen der Einheimischen. Die Firmungstraße mit ihren Geschäften und Restaurants führt zum **Görresplatz** ⓯ mit der viele Jahrhunderte Koblenzer Stadtgeschichte verkörpernden Historiensäule. Von dort ist es nur noch ein Katzensprung zum Ausgangspunkt, dem Zentralplatz.

Altstadt

Die Altstadt ist das Herz der Stadt und ihr historischer Kern. Hier pulsiert seit Jahrhunderten das Leben, hier wird gehandelt und gefeiert. Hier finden sich bis heute die wichtigsten Kirchen und das Rathaus. Vieles, was Kriege zerstört haben – vor allem die Bomben des Zweiten Weltkriegs – wurde rekonstruiert, alte Bausubstanz behutsam ausgebessert und ergänzt. Tradition und Moderne verbinden sich im ältesten Teil der Stadt, wo sich Romanik und Gotik neben Barock und Wilhelminismus finden.

Türme, Mauern, Türen und Fenster erzählen in der Altstadt von gestern. Besonders schön zu sehen ist das, wo die Markt- in die Löhrstraße übergeht. Vier Häuser aus dem

Vier der schönsten Koblenzer Erker vereinen sich an der Kreuzung Marktstraße/Am Plan [C3]

113ko-gs

17. Jahrhundert bilden dort ein einmaliges Ensemble, das längst denkmalgeschützt ist und **„Vier Türme“** heißt. Prunkstück sind die renovierten Hauserker mit ihren Ornamenten und Skulpturen, die ahnen lassen, wie es im kurfürstlichen Städtchen einmal ausgesehen hat. Aber auch die **Moderne** hat in der Altstadt Einzug gehalten, meist hinter den Fassaden und für den Besucher nicht immer leicht erkennbar. Die Zeugen der Gegenwart haben sich so längst unter die der Vergangenheit gemischt. Am besten spürt man das auf den vielen **Plätzen** zwischen Rhein- und Moselufer, denen Märkte, Feste, Straßencafés und Restaurantterrassen ständig neues Leben einhauchen.

1 Forum Confluentes mit Mittelrhein-Museum ★★ [C3]

Wie ein Ozeandampfer liegt das Forum Confluentes am Zentralplatz vor den Toren der historischen Altstadt – ein architektonisches Juwel, an dessen moderne Gestaltung sich die Einheimischen erst langsam gewöhnen mussten. Gegenüber dem Forum Mittelrhein (s. S. 97), einem Einkaufszentrum mit Läden und Gastronomie, haben hier mit dem Mittelrhein-Museum und der StadtBibliothek (s. S. 19) Kunst, Kultur und Bildung ein Zuhause gefunden. Zudem finden sich im Forum Confluentes auch die Tourist-Information und ein Café. Die Stadt plant, auch das Stadtarchiv in dem Haus unterzubringen.

Rund eine halbe Milliarde Euro wurde Anfang der 2010er-Jahre in die Neugestaltung des Areals investiert. Es trägt die Handschrift des deutsch-niederländischen Architekturbüros Benthem Crouwel, das sich mit dem Bau von Shoppingzentren, Bahnhöfen, Flughafengebäuden, Museen und Konzerthallen einen Namen gemacht hat. Auch in Koblenz verbanden die Holländer Kunst mit Kommerz, indem sie am Zentralplatz ein Einkaufszentrum, das rund hundert Geschäfte und Dienstleister fasst, mit einem Kunstforum, dem Forum Confluentes, kombinierten. Dessen Kern bilden heute das renommierte **Mittelrhein-Museum** und die **Stadt-Bibliothek.** Vor allem architektonisch ist Letztere einen Besuch wert, außerdem verfügt sie über eine Sammlung von mehr als 220.000 alten und neuen Medien.

Im Erdgeschoss des Gebäudetrakts findet sich die erste Anlaufstation für viele Koblenz-Besucher, die großzügig dimensionierte **Tourist-Information.** Hier kommen auch Souvenir-Sucher auf ihre Kosten, denn neben Büchern, Kartenmaterial, Flyern, Broschüren und anderem Infomaterial hält der städtische Service auch Wein, Sekt und Liköre, ein Koblenz-Kochbuch, T-Shirts und Kaffeetassen mit Koblenz-Logo, Schlüsselanhänger und andere Andenken bereit. Außerdem gibt es Eintrittskarten für das Stadttheater 2 und weitere Veranstaltungsorte sowie Bus- und Schiffstickets. Auch Stadtführungen und Hotelübernachtungen können hier gebucht werden.

Mittelrhein-Museum

Publikumsmagnet im Forum Confluentes ist das Mittelrhein-Museum, **Deutschlands drittälteste Kulturstiftung.** Im ersten Obergeschoss hat man die umfangreiche Dauerausstellung eingerichtet, Sonderausstellungen werden im Untergeschoss gezeigt.

Mehr als Tausend Gemälde, über 8000 Grafiken samt Handzeichnungen und Aquarellen, circa 250 künstlerische Fotografien, rund 700 Holz- oder Steinobjekte, 230 Skulpturen und viele hundert alte Münzen, dazu kunsthistorisch Wertvolles aus Porzellan, Keramik, Eisenguss und Metall, Holz und Textilien, gehören zum Bestand der **städtischen Sammlung.** Aber nur ein Bruchteil davon – insgesamt mehr als 400 **Gemälde** und gut Hundert **Skulpturen** und **Grafiken** – ist im Museum ausgestellt: von mittelalterlicher und barocker Malerei bis zur klassischen Moderne und abstrakter Gegenwartskunst.

Mehr über die **kurfürstliche Residenz Koblenz**, ihre Kirchen und Klöster, aber auch über **Koblenz im Kaiserreich** erfährt der Besucher im inneren Kern des Museums. Dort fällt der Entwurf des **Denkmals für Kaiser Wilhelm I.** am Deutschen Eck ins Auge, den der Bildhauer Emil Hundvieser (1846–1911) schuf. Ausgesuchte **Kirchenschätze** präsentiert die Schatzkammer, wo sich unter anderem ein römischer Reiterhelm neben Münzen, prunkvollen Vasen und einem Reisebesteck samt Lederkoffer aus dem frühen 18. Jahrhundert findet, außerdem ein Glasfenster aus der Mitte des 15. Jahrhunderts mit einem wunderschönen Engel. Sehenswert sind auch eine spätmittelalterliche Taufschale, ein Schrein mit Reliquien des heiligen Goar aus der zweiten Hälfte des 19. Jahrhunderts und ein Reliquiar mit einem Kreuzpartikel aus der Basilika St. Kastor (8).

Gleich zu Beginn des Rundgangs stehen **Marien- und Christus-Figuren** aus dem Mittelalter und der Renaissance neben **Heiligen-Statuen.** Es folgen **Gemälde** aus dem Mittelalter und der frühen Neuzeit: malerische Kompositionen meist biblischer Themen wie die Anbetung der Heiligen Drei Könige, die **Jörg Breu der Ältere**, ein Augsburger Maler, im 16. Jahrhundert meisterhaft in Szene gesetzt hatte. Besonders zahlreich sind die Werke des in Koblenz verstorbenen, ehemaligen kurtrierischen Hof-

⊻ *Kunstsammlung von Rang: das Mittelrhein-Museum*

014ko-gs

malers **Januarius Zick** (1730–1797). Seine Fresken zieren nicht nur die Wandnischen neben dem Altar in der Florinskirche 10, sondern auch Schlösser wie das im benachbarten Engers oder kurfürstliche Residenzen in Würzburg und Bruchsal. Seine Bilder im Mittelrhein-Museum sind meist religiös inspiriert, ebenso wie die Gemälde einiger Maler, die der **Schule der Nazarener** – einer romantisch inspirierten Kunstrichtung aus dem frühen 19. Jahrhundert – zugeschrieben werden.

Ganz anderer Natur sind die vielen **Landschaftsmalereien.** Sie zeigen, wie es im 18. und 19. Jahrhundert in der Region ausgesehen hat. Voller Vitalität ist ein Gemälde von 1768, das ein Volksfest auf den zugefrorenen Flüssen Mosel und Rhein zeigt – mit der alten Moselbrücke im Hintergrund, Pferdeschlitten und feiernden Menschen, die bei Minusgraden auf dem Eis grillen und musizieren. Andere Bilder zeigen alte Rheinkräne, das Alltagsleben in Dörfern wie Bacharach – und immer wieder die Festung Ehrenbreitstein. Viel Raum nehmen nicht zuletzt die Bilder der **Klassischen Moderne** und Werke **zeitgenössischer Kunst** ein, hier sind Künstler wie K. O. Götz, Rissa und Heijo Hangen vertreten.

118ko-gs

Ein mittelalterlicher Palmesel im Mittelrhein-Museum (s. S. 16)

› **Mittelrhein-Museum,** Zentralplatz 1, Tel. 0261 1292520, www.mittelrhein-museum.de, Di.–So. 10–18 Uhr, 12 €, nur Dauer- oder Sonderausstellung jeweils günstiger. Öffentliche Führungen finden jeden ersten (Dauerausstellung) und dritten Sonntag (Sonderausstellung) im Monat sowie an ausgesuchten Terminen statt (zusätzl. 3 €).

2 Theater Koblenz ★ [D4]

Das Theater Koblenz ist der **älteste Musentempel am Mittelrhein.** 1786/1787 wurde das Haus im Auftrag des Trierer Kurfürsten **Clemens Wenzeslaus von Sachsen** in nur siebenmonatiger Bauzeit im klassizistischen Stil errichtet. Es war das wahrscheinlich erste deutsche Rang-Theater, bei dem die Sitzplätze kreisförmig im ganzen Raum verteilt sind – im Gegensatz zum bis dahin üblichen Logen-Theater. „Musis moribus et publicae laetitiae erectum" („Errichtet für die Musen, gute Sitten und öffentliches Vergnügen"), ließ der kurfürstliche Herrscher, wie heute noch für jeden nachzulesen, hoch über die Theaterfront schreiben, „Ridendo corrigo mores" („Durch Lachen verbessere ich die Sitten") über das Bühnenportal. Als Finanzier für den Theaterbau konnte er den Finanzberater seiner Schwester, einen kurfürstlichen Hofrat, gewinnen. Zum Dank musste der keine Steuern mehr zahlen und durfte sich stolz „Direktor des Comoedien-, Opern-, Ball-, und Assembléehauses“ nennen. Mit Mozarts damals noch neuem Singspiel **„Die Entführung aus dem Serail“** wurde das Koblenzer Theaterprogramm schließlich eröffnet. Nicht weniger aktuell war eine Woche später die Schauspiel-Premiere, es wurde Friedrich **Schillers „Die Räuber“** aufgeführt.

Im Lauf der Zeit wurde das Theater immer wieder erweitert und saniert – etwa Mitte der 1980er-Jahre, als man die ursprünglichen **Trompe-l'Œil-Dekorationen** wieder einfügte. Rund 200 Menschen aus 23 Nationen gestalten heute in Koblenz ein **Mehrspartenprogramm** mit mehr als zwei Dutzend Inszenierungen jährlich. Das Repertoire reicht von der Oper über Musical, Schauspiel, Ballett, Kinder- und Jugendtheater bis hin zu Lesungen, Puppenspiel, Werkschauen und anderen Veranstaltungen. Spielorte sind neben dem **Großen Haus** mit seinen knapp 500 Sitzplätzen die **Probebühne 2** und die **Probebühne 4** im Erweiterungsbau sowie im Sommer die Festung Ehrenbreitstein 19. Bespielt werden inzwischen aber auch Kleinkunstbühnen in der Umgebung und große Hallen. An den Erbauer des Theaters, Kurfürst Clemens Wenzeslaus von Sachsen, erinnert vor dem Theater der **Clemensbrunnen** aus dem Jahr 1791.

› **Theater Koblenz,** Clemensstraße 5, Tel. 0261 1292870, www.theater-koblenz.de. Interessierte können im Rahmen regelmäßiger Führungen hinter die Kulissen des Theaterbetriebs blicken. Die Eintrittspreise für das Große Haus schwanken zwischen 9 und 59 €.

MEIN TIPP

Ein architektonisch herausragendes Zuhause für Bücher

Vielen gilt die Koblenzer **StadtBibliothek** als eine der schönsten in Deutschland. Das Haus am Zentralplatz ist ein moderner Zweckbau voller Eleganz und eine **architektonische Glanzleistung.** Ganze Arbeit leisteten auch die Innenarchitekten, die alle Möbel passend zur Ästhetik des Raumes fertigen ließen. Auf rund 4100 m² Fläche, verteilt über mehrere, zum Teil durch Rolltreppen verbundene Stockwerke, stehen den rund tausend Besuchern täglich **mehr als 220.000 Medien** zur Verfügung, darunter zahlreiche Tageszeitungen und Zeitschriften. Es gibt auch kostenloses WLAN. Zum Schmökern gibt es bequeme Sitzlandschaften wie die **Leselounge** im fünften Obergeschoss, wo spontane Besucher sich Kurzgeschichten und Gedichte zu Gemüte führen oder eine Weile in einem aktuellen Roman blättern können. Es finden auch regelmäßig **(Krimi-)Lesungen** statt.

Jeder kann zum Lesen kommen, auch die Kleinsten, für die Hunderte von **Kinderbüchern** in den Regalen stehen. Mancher Regentag könnte für Reisende mit Kindern so zum Freudentag werden. In der Kinderbibliothek gibt es meist donnerstags um 16 Uhr spannende **Vorlesestunden** (Voranmeldung unter Tel. 0261 1292624).

› **StadtBibliothek Koblenz,** im Forum Confluentes 1, Tel. 0261 1292626, www.koblenz.de/leben-in-koblenz/kultur/stadtbibliothek, Mo.–Fr. 10–18, Sa. 10–15 Uhr. Die Ausleihe (auch digitaler Medien) ist mit einem Benutzerausweis, der gegen Vorlage eines Personalausweises oder Reisepasses ausgestellt wird, jedem möglich.

③ Kurfürstliches Schloss ★★ [D4]

Glanz und Glorie der Kurfürstenzeit strahlt das Kurfürstliche Schloss aus. Den frühklassizistischen Prachtbau ließ sich Clemens Wenzeslaus von Sachsen Ende des 18. Jahrhunderts bauen. Lange allerdings konnte er seinen neuen Amtssitz nicht nutzen. Frankreichs Revolutionstruppen machten aus dem Schloss schon bald ein Lazarett – ebenso wie die russischen Truppen, welche die Franzosen später aus der Stadt verjagten. 1815 übernahm der preußische Staat die Liegenschaft, die von da ab als Kaserne, Gerichtsgebäude und Behördensitz diente. Mitte des 19. Jahrhunderts amtierte der spätere Kaiser Wilhelm I. als preußischer Militärgouverneur im Schloss, das heute allerdings nur im Rahmen von Führungen oder Sonderveranstaltungen zugänglich ist. Schauseite des Schlosses mit seinen mächtigen Säulen ist die Rheinfront, die ein Relief mit dem Wappen des Erbauers ziert.

„Renovierung oder Neubau?", war die Frage, die sich der in Schloss Philippsburg auf der rechten Rheinseite residierende letzte Trierer Kurfürst eines Tages stellte. Seine Residenz war marode und entsprach nicht mehr dem Geschmack des aus einer Königsfamilie stammenden Herrschers. Also wurde linksrheinisch ein **neues Schloss** gebaut. 1784 war der Rohbau vollendet und Stuckateure, Deckenmaler und Bildhauer begannen mit der Ausgestaltung des Inneren. Zwei Jahre später konnte der Kurfürst mit seiner Schwester die neue Residenz beziehen. Schon im Oktober 1794 aber verjagten ihn die **französischen Revolutionstruppen** und

⌃ *Schönstes Zeugnis kurfürstlicher Zeit: das Koblenzer Schloss*

Clemens Wenzeslaus von Sachsen floh nach Augsburg – im Gepäck große Teile der Schloss-Möbel, die heute im Schloss Johannisburg in Aschaffenburg, im Schloss Nymphenburg in München, in der Münchner Residenz, in der Stadtresidenz Landshut oder in der Neuen Residenz Bamberg zu finden sind.

Nach den Franzosen kamen die **Russen** und schließlich die **Preußen**, die das Schloss zunächst als Gerichtsgebäude nutzten. Mitte des 19. Jahrhunderts richteten sie nach aufwendigem Umbau im Erdgeschoss den Amtssitz des Oberpräsidenten der preußischen Rheinprovinz ein. Das erste Obergeschoss wurde zur offiziellen Residenz des preußischen Königshauses erkoren, in dem der spätere **Kaiser Wilhelm I.** mit seiner Gattin Augusta fast ein Jahrzehnt lang als Militärgouverneur residierte.

Schließlich nutzten die **Nationalsozialisten** den repräsentativen Bau. So plante die deutsche Generalität den Russlandfeldzug zu einem Teil im Kurfürstlichen Schloss. Bei Luftangriffen wurde das Gebäude 1944 bis auf die Außenmauern, die Haupttreppe und die wichtigsten Innenwände komplett zerstört. Doch schon 1950, mittlerweile hatte das neue Bundesland Rheinland-Pfalz das Gebäude als Rechtsnachfolger übernommen, begann man mit seinem **Wiederaufbau.** Außen ließ man alles beim Alten, innen aber hielt die Moderne Einzug. Nur das Treppenhaus, das Vestibül, der Gartensaal und der sogenannte Kurfürstensaal (auch Kaisersaal genannt) wurden historisch genau rekonstruiert. 1960 verkaufte Rheinland-Pfalz das Schloss an den Bund, der es schließlich sanieren ließ. Heute beherbergt es in den Seitenflügeln Büros und im Hauptbau **repräsentative Säle**, die für Tagungen und Familienfeiern wie Hochzeiten gern genutzt werden. Auch standesamtliche Trauungen sind hier möglich.

Besonders prachtvoll zeigt sich die meiste Zeit des Jahres der **Schlossgarten**, zwischen dessen akkurat geschnittenen Hecken sich immer wieder neue Blumen und Pflanzen finden, neben Rosen oder Tulpen aller Art auch türkischer Mohn oder Storchenschnabel.

Blickfang im Schlossgarten sind **„Vater Rhein und Mutter Mosel"**, die wie ein Liebespaar seit 1854 gemeinsam auf einem Sockel sitzen. Ein Bild voller Innigkeit! Dass die Beiden dem Rhein den Rücken zudrehen, liegt an der Stifterin des Denkmals, der späteren Kaiserin Augusta. Sie wollte die weißen Marmorfiguren vom Schloss aus sehen. Angeblich war eine griechische Skulpturengruppe mit Gott Zeus und seiner Frau und Schwester Hera dem nackten Paar Vorbild.

4 Rhein-Anlagen (Konrad-Adenauer-Ufer und Kaiserin-Augusta-Anlagen) ★★★ [E4]

Das Rheinufer ist die Schokoladenseite der Stadt. Sein nördlicher Teil – zwischen Deutschem Eck und Stresemannstraße – ist das nach dem ersten deutschen Bundeskanzler benannte Konrad-Adenauer-Ufer. Rheinaufwärts bis nach Oberwerth (Mozartstraße) schließen sich die Kaiserin-Augusta-Anlagen an. Vor allem im Sommer ballt sich entlang der autofreien Uferpromenade das Leben: Alt und Jung trifft sich am Fluss, Gartenwirtschaften und Terrassencafés laden zum Verweilen, Bänke zur Rast. Denkmäler und Kunstwerke sind die bunten Tupfer in einer Uferlandschaft, die manchem vielleicht

017ko-gs

zu stark von Beton geprägt ist, von einer architektonischen Handschrift der Moderne jedenfalls, die Altes und Neues zu vereinen sucht.

Bis 1890 versperrte eine Stadtmauer den schnellen Zugang zum Rhein. Zudem begrenzten sogenannte Leinpfade den Fluss. Das waren eigens angelegte Wege, auf dem starke Männer, die sogenannten Treidler, meist mit Hilfe von Pferden die Schiffe an langen Tauen den Rhein entlangzogen. Diese Transportunterneh-

Das Görres-Denkmal am Rheinufer

Großbaustelle Rheinbrücke

Zurzeit wird die **Pfaffendorfer Brücke** [D–E5], die **älteste Rheinbrücke der Stadt,** komplett erneuert. Für alle, die in Koblenz den Fluss überqueren wollen, bedeutet dies, sich auf gelegentliche oder dauerhafte Verkehrsbehinderungen einzustellen. Da neben der Brücke auch die Rampen von den Umbauarbeiten betroffen sind, müssen auch Besucher des **Rheinufers** und des **Kurfürstlichen Schlosses** 3 mit Wegsperrungen und Umleitungen rechnen.

Die Pfaffendorfer Brücke, wegen der historischen Unterbauten Teil des **UNESCO-Welterbes Oberes Mittelrheintal,** verbindet die Innenstadt mit den Stadtteilen Pfaffendorf und Ehrenbreitstein. Der 1864 fertiggestellte Rheinübergang wurde anfangs von der Eisenbahn genutzt und in den 1930er-Jahren zur Straßenbrücke mit vier Fahrspuren und zwei Fußgängerwegen umgebaut. Wie alle Koblenzer Brücken wurde er im März 1945 von den sich zurückziehenden Einheiten der deutschen Wehrmacht gesprengt, schon im Folgejahr aber durch eine Behelfsbrücke ersetzt. Im Juli 1953 wurde die neue Brücke in Betrieb genommen, die bis zum Bau der neuen Koblenzer Südbrücke besonders stark genutzt wurde. Das machte immer wieder umfangreiche Sanierungen nötig, weshalb man sich schließlich zum Neubau entschloss.

Die Erneuerung der Brücke ist ein Koblenzer **Jahrhundertprojekt** und mit geplanten knapp 200 Millionen Euro auch eines der größten Infrastrukturprojekte in Rheinland-Pfalz. Für die Planer ist es ein Hindernis, dass die Unterbauten **denkmalgeschützt** sind und die Brücke in der Welterberegion liegt, was etwa den Bau einer Hängebrücke mit großen Drahtseilen kaum oder gar nicht möglich macht.

Die **bis mindestens 2028** andauernden Bauarbeiten sehen vor, direkt neben der alten Brücke eine neue und breitere Brücke zu bauen, die nach ihrer Fertigstellung und dem Abriss der almer hießen deshalb auch **Leinenreiter.** Reste der Leinpfade finden sich noch heute auf beiden Rheinseiten. Mit Erfindung der Dampfschifffahrt allerdings ging die Ära der Leinenreiter zu Ende und am Ufer war jetzt auch für andere Platz. Zudem rückte Anfang des 19. Jahrhunderts mit der **Romantik** der Rhein neu ins Bewusstsein. Mit den **Kaiserin-Augusta-Anlagen** entstand Mitte des 19. Jahrhunderts eine erste, große Parklandschaft am Koblenzer Rheinufer. Nach Niederlegung der Stadtmauer war schließlich auch der nördlich anschließende Uferabschnitt bis zum Deutschen Eck für eine Neugestaltung frei.

ten Brücke dann an deren Standort geschoben werden soll. Zuletzt sollen die Behelfsrampen für den Bau der neuen Brücke abgerissen werden. Für den Neubau sind fast 14.000 Tonnen Stahl und knapp 40.000 Kubikmeter Beton nötig.

Ist die alte Brücke eine **klassische Stahlbrücke,** bei der alle auftretenden Druck- und Zugspannungen allein von den beiden Stahlhauptträgern getragen werden, wird die neue Brücke die erste in statisch vorteilhafterer **Stahlverbundbauweise** in Koblenz sein. Optisch unterscheidet sie sich von ihrer Vorgängerin vor allem durch die neue Stellung der Pfeiler, die, mit Natursteinen verblendet, ebenfalls aus Stahlbeton sind. Sie stehen dann nicht mehr wie jetzt alle 103 Meter voneinander entfernt, sondern näher am Ufer, sodass es künftig in der Mitte eine breite Durchfahrt von 156 Metern geben wird. Diese soll die Schifffahrt erleichtern.

› www.koblenz-baut.de/grossprojekte/pfaffendorfer-bruecke

Zur **Bundesgartenschau 2011** wurde das Koblenzer Rheinufer kräftig aufgemöbelt. Neue Ufertreppen entstanden, wie vor dem Kurfürstlichen Schloss, wo es sich trefflich sitzen und dem Treiben auf dem Fluss zuschauen lässt. „Es tut unserer Seele gut, wenn wir in den Rhythmus der Natur einschwingen“, heißt es an der Treppenwand, ein Spruch des Benediktinerpaters und bekannten Buchautors **Anselm Grün.** Auch die Denkmäler entlang der Uferpromenade kommen jetzt besser als früher zur Geltung. Etwa das 1928 eingeweihte monumentale **Joseph-Görres-Denkmal** vor dem Kurfürstlichen Schloss 3, das an die publizistischen Verdienste des in Koblenz geborenen Hochschullehrers erinnern soll. 1814 gründete er den „Rheinischen Merkur“, das erste große Sprachrohr für ein liberales und demokratisches Deutschland. Wenig weiter findet sich eine moderne Skulptur des Luxemburger Bildhauers Lucien Wercollier. Sie trägt den Titel **„Affection“** („Zuneigung“) und soll ein Zeichen der Völkerverbindung in einem gemeinsamen Europa symbolisieren. Ansehen allerdings tut man das der Bronzeplastik nicht!

Unter den Gebäuden am Konrad-Adenauer-Ufer fällt das ehemalige **preußische Regierungspräsidium** sofort ins Auge. Manchen Betrachter erinnert der 158 Meter lange neoromanische Prachtbau mit seinen Innenhöfen und Seitenflügeln samt Ecktürmen an eine staufische Kaiserpfalz, zumindest aber an eine Schlossburg. Heute ist das Gebäude Sitz des Bundesamts für Ausrüstung, Informationstechnik und Nutzung der Bundeswehr.

Schräg gegenüber steht das alte **Pegelhaus**, in dem sich ein kleines

Restaurant mit schönem Blick auf den Rhein und die Festung Ehrenbreitstein (19) findet. An der Außenseite markieren Pegelstriche Rekord-Wasserstände verschiedener Jahrhunderte. Es sind Zeichen, die dem Betrachter signalisieren, welche Gewalten von dem meist so friedlichen Fluss ausgehen können. Eine Pegeluhr zeigt die Wasserstände an. Sie funktioniert wie eine normale Uhr: Der große Zeiger markiert den Meterstand, der kleine den Zentimeterstand. Wenn der große auf 2 und der kleine auf 27 zeigt, signalisiert dies einen Pegelstand von 2,27 m. Neben dem Pegelhaus erinnert eine **Gedenktafel** an die von 1819 bis 1945 an dieser Stelle genutzte Schiffsbrücke. 36 anfangs hölzerne und später eiserne Pontons überspannten hier einst den Rhein auf einer Länge von 325 Metern. Um Schiffen die Passage zu ermöglichen, wurden zwei oder drei Kähne kurzfristig zur Seite bewegt. Bei Eisgang und Hochwasser wurde der für 40.000 Taler errichtete Übergang ganz abgefahren. Der Kopf der Schiffsbrücke, die deutsche Truppen auf ihrem Rückzug im März 1945 zerstörten, ist noch heute zu sehen.

Das alte Pegelhaus lädt heute zu Speis und Trank

Am Ufer sind auch mehr als ein halbes Dutzend Ankerplätze für große und kleine Kreuzfahrtschiffe und **Aus-**

Peter Joseph Lenné – der Vater des grünen Koblenz

Mit Leib und Seele hatte sich Peter Joseph Lenné (1789–1866), einer der wichtigsten Parkgestalter Europas, der Gartenbaukunst verschrieben. Viele berühmte Gartenanlagen wie die von Sanssouci tragen seine Handschrift. Auch das grüne Koblenz formte er entscheidend mit. Die Gestaltung des Rheinufers, der Grünflächen um das Kurfürstliche Schloss und der Anlagen rund um Schloss Stolzenfels waren sein Werk.

Lenné war der Idee des englischen Landschaftsgartens verpflichtet, die im Gegensatz zum Barockgarten französischer Prägung die natürliche Schönheit der Landschaft in den Mittelpunkt rückte. So passte er seine Wege bereits bestehenden Bäumen und Sträuchern an, statt neue Schneisen in die Landschaft zu schlagen. Blutbuche, Esche, Kastanie, Pappel, Weide und Magnolie waren die Pflanzen, die ihm am Herzen lagen und auch am Rheinufer neben manchem botanischen Exoten Platz fanden.

In den Kaiserin-Augusta-Anlagen erinnert in Höhe der Lennéstraße [C7] eine Büste an den „Vater" des grünen Koblenz.

flugsdampfer (s. S. 131), die meist ab Ostern zu ihren Burgen- und Panoramafahrten starten. Wer will, kann von hier aus nach Boppard 31 oder Cochem 35 fahren und so Rhein und Mosel vom Wasser aus kennenlernen. Auch die sogenannte „Weiße Flotte" der Köln-Düsseldorfer Rheinschiffahrt macht am Konrad-Adenauer-Ufer regelmäßig Station. Nicht zuletzt verbindet die Personenfähre „Schängel" vom Pegelhaus aus Koblenz mit dem gegenüberliegenden Stadtteil Ehrenbreitstein 18 – von Ostern bis Ende Oktober Mi.–Mo. von 9.10 bis 18.30 Uhr. Die Fähre ist in den öffentlichen Verkehrsverbund der Region eingebunden und kann so auch mit dessen Tagestickets genutzt werden.

Der Rheinüberquerung dient auch die **Seilbahn** 5, die mit ihrer futuristisch wirkenden Talstation auf manchen Betrachter wie ein Fremdkörper wirken mag. Von der Seilbahn ist es nur noch ein Katzensprung bis zum **Deutschen Eck** 6, wo man seinen Bummel am **Moselufer** 9 fortsetzen kann.

Kurfürstliches Schloss und Weindorf (s. S. 94) trennen das nördliche vom südlichen Rheinufer, das seit 1891 offiziell **Kaiserin-Augusta-Anlagen** heißt. Damit würdigte man die Kaiserin, die sich immer wieder für die Neugestaltung des Ufers starkgemacht und in ihrem Testament der Stadt Geld vermachte hatte, um die Grünanlagen zu pflegen. An die große Gönnerin erinnert auch das **Kaiserin-Augusta-Denkmal.** Die Marmorskulptur zeigt die Monarchin als Siebzigjährige in antikem Gewand. Ihr zu Ehren feiert Koblenz jährlich Anfang Juni ein großes **Fest** rund um das Denkmal, bei dem die Akteure sich nicht nur die Garderobe betreffend in kaiserliche Zeiten zurückversetzen (s. S. 103).

5 Seilbahn ★★★ [E2]

Koblenz-Urlauber wissen die Seilbahn über den Rhein zu schätzen, weil sie elegant den Weg zwischen den beiden wichtigsten Touristenattraktionen der Stadt, dem Deutschen Eck 6 und der Festung Ehrenbreitstein 19, überbrückt. Dabei ist sie selbst, v. a. wegen des einmaligen Ausblicks, zum großen **Besuchermagneten** avanciert.

Seit ihrem Betriebsstart 2010 haben die 16 Panoramakabinen mit Platz für jeweils 35 Personen schon mehr als zehn Millionen Menschen vom Tal auf den Berg befördert – und umgekehrt natürlich. Die gewöhnlich nicht einmal fünf Minuten währende Fahrt bietet den Passagieren einen eindrucksvollen Blick auf Rhein und

Ein Dorn im Auge der Welterbe-Hüter: die Koblenzer Seilbahn

019ko-gs

Die Seilbahn in Zahlen

- **Förderkapazität:** 7600 Personen pro Stunde
- **Fahrtempo:** 16 km/h
- **Bauzeit:** 14 Monate
- **Antrieb:** 1300-PS-Elektromotor
- **Länge:** 890 Meter
- **Höhendifferenz:** 112 Meter
- **Gewicht pro Gondel:** 3,5 Tonnen

Mosel. Von Ostern bis Ende Oktober sind die Gondeln täglich unterwegs, in der kalten Jahreszeit meist nur am Wochenende oder an Feiertagen.

Ihr Dasein verdankt die Seilbahn der **Bundesgartenschau 2011**, deren Planer nach einer umweltschonenden Verbindung zwischen dem rechts- und linksrheinischen Koblenz suchten. Ergebnis ihrer Überlegungen war **Deutschlands erste Dreiseilumlaufbahn**, die an frei über den Fluss gespannten Seilen schwebt und dabei 112 Höhenmeter überwindet. Ebenerdige Ein- und Ausstiege erlauben auch Rollstuhl- und Fahrradfahrern sowie Eltern mit Kinderwagen eine Gondelfahrt.

Die **Talstation** findet sich unweit der Kastorkirche (8) am Rheinufer, die Bergstation nahe dem Eingang zur Festung Ehrenbreitstein. Angetrieben werden die in der Schweiz gebauten Gondeln, die an zwei festen, 17 Tonnen schweren Tragseilen hängen, von einem Elektromotor, der das Zugseil bewegt. Da die Kabinen an zwei Zugseilen hängen, sind sie gegen Wind relativ unempfindlich. Trotzdem stellen die Seilbahnbetreiber bei Sturm den Betrieb ein.

Die Koblenzer haben ihre Seilbahn fest ins Herz geschlossen. Allerdings erlischt die **Betriebsgenehmigung** Ende 2025. Die Stadt hat den Bebauungsplan bis 2031 verlängert, was einen Weiterbetrieb der Seilbahn möglich macht – mindestens bis zur Bundesgartenschau 2029. Die UNESCO, Hüterin des Weltkulturerbes, hat Bedenken gegen die Seilbahn angemeldet und pocht auf eine Neugestaltung der Talstation, die die Sicht auf die Basilika St. Kastor (8) verbessern soll.

- **Seilbahn Koblenz,** www.seilbahn-koblenz.de. Betriebszeiten: Karwoche bis 31. Okt.: tgl. 10–19 Uhr, Nov.–Febr. Fahrbetrieb nur zu Veranstaltungen auf der Festung wie der Lichtinstallation Christmas Garden von Mitte November bis Anfang Januar. **Kombiticket** für Hin- und Rückfahrt einschl. Eintritt auf der Festung Ehrenbreitstein 19 € (Kinder und Jugendliche 8,60–10,90 €), nur Hin- und Rückfahrt 14,90 € (Kinder und Jugendliche 7–8,50 €). Tickets gibt es auch online. Fahrradmitnahme 4 €. Auch Hunde werden mitgenommen (4 €). Bei Abendveranstaltungen auf der Festung verkehrt die Seilbahn manchmal auch noch spätnachts.

(6) Deutsches Eck mit Kaiser-Wilhelm-Denkmal ★★★ [E2]

Das Deutsche Eck ist das unumstrittene Wahrzeichen und der sicher populärste touristische Treff der Stadt. Schätzungsweise mehr als zwei Millionen Menschen machen Jahr für Jahr am Zusammenfluss von Rhein und Mosel Station, um zum bronzenen Reiterstandbild des ersten deutschen Kaisers zu pilgern. Zu einer Kopie genaugenommen, denn das Original zerschossen im März 1945 amerikanische Soldaten. Übrig blieb nur der Sockel, den Bundespräsident Theodor Heuss 1953 zum Mahnmal der Deutschen Einheit erklärte. Doch weil die Koblenzer auf ihren Kaiser nicht verzichten wollten, schenkte ihnen der Verleger der Lokalzeitung schließlich ein neues Reiterdenkmal. 1993 wurde der mehr als 60 Tonnen schwere Preußenherrscher so wieder auf seinen alten Sockel gehoben.

Deutsches Eck – das klingt bombastisch. Und genauso wirkt das **monumentale, mit Granitsteinen verzierte Denkmal** auf der Landzunge gegenüber der Festung Ehrenbreitstein. Es zeigt Kaiser Wilhelm I. in Generaluniform mit Hermelinmantel – in der rechten Hand den Marschallstab, in der anderen die Zügel des Pferds. Zu seiner Linken trägt eine weibliche Figur die Kaiserkrone und ein Kissen mit Lorbeerkranz. „Wilhelm dem Grossen“, heißt es auf dem Relief, das die Vorderseite des Denkmalsockels schmückt und den preußischen Adler mit ausgebreiteten Flügeln über einer vierköpfigen Hydra und am Boden liegenden Kolossen zeigt. Auf dem untersten Sockel steht eine rechteckige Pfeilerhalle mit der Aufschrift: „Nimmer wird das Reich zerstört, wenn ihr einig seid und treu“.

Wie viele Denkmäler im preußischen Kaiserreich war auch das in Koblenz einmal Ausdruck des Zeitgeists, ein Symbol nationaler Großmannssucht. So trägt der Kaiser, will ein Lokalhistoriker augenzwinkernd ausgerechnet haben, Schuhgröße 226. Kein Wunder, dass das Reiterstandbild viele freute, nicht wenige aber auch schaudern ließ. So Schriftsteller **Kurt Tucholsky**, der anno 1930 in einer Reportage für die linke und später von den Nationalsozialisten verbotene Wochenzeitung „Die Weltbühne“ das Kaiser-Wilhelm-Denkmal einen atemraubenden „Faustschlag aus Stein“ nannte: „Das Ding sah aus wie ein gigantischer Tortenaufsatz und repräsentierte jenes Deutschland, das am Kriege schuld gewesen ist (...)“, notierte der scharfzüngige Beobachter Tucholsky damals.

Auch nach dem Zweiten Weltkrieg war man dem wilhelminischen Großdenkmal gegenüber skeptisch. Der Plan der französischen Militärregierung, das Denkmal abzureißen und durch ein neues „Denkmal für Frieden und Völkerverständigung“ zu ersetzen, scheiterte am Geld. So machte man 1953 den Sockel des Denkmals – die Reiterstatue hatte ein amerikanisches Artilleriegeschoss 1945 zerstört – zum **„Mahnmal der Deutschen Einheit“**. Ein Flaggenstock mit der Bundesflagge an Stelle des zerstörten Reiterbilds hielt seitdem den Gedanken der Wiedervereinigung wach.

Doch viele wollten den alten Kaiser Wilhelm wieder haben – allen voran ein Zeitungsverleger, der mit seiner Gattin die Finanzierung der **Kopie** übernahm. Zwar wehrte sich Anfang der 1990er-Jahre die damals SPD-geführte rheinland-pfälzische Landesregierung gegen die Wiederaufstellung des Reiterstandbilds, die noch unter der CDU-Vorgängerregierung vereinbart wurde. Schließlich aber schenkte das Land das Deutsche Eck der Stadt Koblenz und übertrug die endgültige Entscheidung so der lokalen Politik. Damit war der Weg für den alten Kaiser endgültig frei, den man 1993 wieder an seinem angestammten Platz aufstellte. Inzwischen regt das Denkmal die Öffentlichkeit kaum noch auf. Zu seinen Füßen gibt es Rockkonzerte, immer mal wieder Public Viewing bei Fußballweltmeisterschaften und jährlich zum Sommerfest laden Bier- und Weinstände zum Verweilen. Das Deutsche Eck, das bei Hochwasser regelmäßig „Land unter“ meldet, ist zur beliebten Partymeile bei Alt und Jung geworden.

Das Deutsche Eck

Seinen Namen verdankt das Deutsche Eck 6, die **Landzunge zwischen Rhein und Mosel,** einer Ansiedlung des **Deutschen Ordens.** Anno 1216 hatte Erzbischof Theoderich von Wied den Ordensrittern einen Teil des Geländes vor der Kastorkirche 8 geschenkt und damit den Grundstock für die Niederlassung des Deutschen Ordens in Koblenz gelegt. „Deutscher Ordt" hieß das Areal zunächst, später dann „Deutsches Eck". Im 19. Jahrhundert wurde das Areal über eine Mole mit einer vorgelagerten Sandbank verbunden, um an der Mosel-Mündung einen kleinen Hafen zu schaffen. Ende des 19. Jahrhunderts wurde dieser dann zugeschüttet, das Deutsche Eck geografisch also weiter Richtung Norden verlegt. So hatte man Platz für ein **Denkmal zu Ehren des ersten deutschen Kaisers** geschaffen, das die preußische Rheinprovinz schließlich in Auftrag gab.

Den Standort zu Füßen der Festung Ehrenbreitstein hatte der Enkel Kaiser Wilhelms I., Kaiser Wilhelm II., persönlich ausgesucht. Nicht zuletzt hatte ihn seine Großmutter, Kaiserin Augusta, die sich in Koblenz – dem „rheinischen Potsdam", wie sie es nannte – besonders wohlfühlte, dazu gedrängt. Für die Konstruktion der Anlage gewann man den Berliner Architekten **Georg Bruno Schmitz,** der auch andere monumentale Denkmäler wie das Kaiser-Wilhelm-Denkmal an der Porta Westfalica, das Leipziger Völkerschlachtdenkmal und das Kyffhäuser-Denkmal geplant hatte. Das 14 Meter hohe bronzene Reiterstandbild entwarf der Berliner Bildhauer **Emil Hundrieser,** Absolvent der preußischen Akademie der Künste. Am letzten Augusttag des Jahres 1897 war es dann soweit. Kaiser Wilhelm II. weihte das Denkmal zu Ehren seines Großvaters feierlich ein. Der Rest ist Geschichte! Übrigens: An die **Deutsche Einheit** erinnern heute drei Betonteile der Berliner Mauer hinter dem Denkmal am Moselufer.

020ko-gs

7 Ludwig Museum (Deutschherrenhaus) ★★ [E2]

Alt und Neu verbinden sich im Ludwig Museum, der Koblenzer Heimstatt moderner Kunst. Das Museumsgebäude zwischen Kaiser-Wilhelm-Denkmal und Kastorkirche entstammt dem Mittelalter, die Ausstellungsstücke in der Regel dem 20. Jahrhundert. Auf mehreren Etagen und Freiflächen zeigt das Ludwig Museum zeitgenössische Kunst von Arp bis Vautier.

Das ehemalige **Deutschherrenhaus,** in dem die Kunstsammlung heute untergebracht ist, war eine der ersten Niederlassungen des **Deutschen Ordens** im Rheinland. Der gotische Bau wurde im 13. Jh. errichtet und gehörte zu einem größeren Ensemble von Ordensgebäuden. Dazu zählte auch eine 1306 geweihte Kirche, von der allerdings nur noch Reste erhalten sind. Anfang des 19. Jahrhunderts musste der Orden im Rahmen der Säkularisierung seinen Besitz aufgeben. Danach diente das Haus als Magazin, später als Staatsarchiv und Herberge der Straßenverwaltung, ehe es schließlich zum Museum wurde.

Seit 1992 beherbergt es das **Ludwig Museum**, eine Sammlung der Aachener Kunstmäzene Peter und Irene Ludwig, die damals nach einem Raum für ihre Werke vor allem französischer Gegenwartskunst suchten und ihn schließlich nahe dem Deutschen Eck fanden. Seitdem haben Exponate von Jean Dubuffet, aber auch Werke bedeutender deutscher Künstler wie Jörg Immendorf, Wolf Vostell oder Anselm Kiefer in Koblenz eine Heimat gefunden.

Während das Museum in seinem untersten Geschoss regelmäßig **Sonderausstellungen** präsentiert, haben die **Dauerausstellungen** in den Räumen darüber Platz gefunden.

Schwerpunkt der rund 300 Objekte umfassenden **Sammlung**, aus deren Fundus die Dauerausstellungen immer wieder neu zusammengestellt werden, sind Werke aus der zweiten Hälfte des 20. Jahrhunderts, als überall in Europa eine Generation gesellschaftlich engagierter Künstler ihre Arbeiten zu politischem Protest nutzte. Es ist oft politisch reflektierte, **moderne Kunst**, die in Koblenz präsentiert wird. Hinter dem Spiel mit Farben und Formen verbergen sich oft Weltsichten voller Dynamik und Vielfalt.

Das gilt z. B. für Gruppen wie die **Nouveaux Réalistes**, zu denen Künstler wie der französische Bildhauer César Baldaccini oder der Schweizer Jean Tinguely gehörten. Césars berühmter goldfarbener Daumen („Le Pouce"), dessen zwölf Meter hohes Pendant im Pariser Hochhausviertel La Défense zu finden ist, steht vor dem Museum im Freien, eine von vielen Maschinen-Skulpturen Tinguelys, die Wurzelholz und Knochen bewegt, im obersten Ausstellungs-Stockwerk.

Ben Vautier, französischer Künstler Schweizer Herkunft und eines der Aushängeschilder der **Fluxus-Bewegung**, ist mit einem das Selbstbewusstsein der Künstlerbewegung veranschaulichenden Werk vertreten: „Ben is more important than nobody", hat er schwarz auf weiß – bzw. weiß auf schwarz – auf eine kleine Leinwand geschrieben. Ursprünglich lautete der Text „Ben is more important than Warhol", was Vautier aber übermalte, weil er fand, dass Warhol nicht bedeutender als ein „nobody" ist. Sehenswert sind auch die Arbeiten des Künstlers Wolf Vostell – Meisterstücke deutscher Nachkriegskunst.

Viel Raum nimmt zudem die **Pop-Art** ein mit Künstlern wie Roy Lichtenstein oder Andy Warhol, der in Koblenz mit einem Porträt des Stiftungsgründers Peter Ludwig vertreten ist, einer Seriegrafie, wie er sie gern zu Hunderten fertigte und zum Preis von 25.000 Dollar verkaufte.

Ein **Audioguide**, der ausgewählten Werken eine Stimme verleiht (auch als **Smartphone-App** erhältlich), hilft bei der Entdeckung vieler Arbeiten. Gesprächsstoff jedenfalls liefert das Museum unweit des Deutschen Ecks genug.

› **Ludwig Museum,** Esther-Bejarano-Straße 1, Koblenz, Tel. 0261 3040416, www.ludwigmuseum.org, Di.–Sa. 10.30–17, So. 11–18 Uhr, 6 € (an Tagen ohne Sonderausstellung 3 €), auch Kombitickets in Verbindung mit einer Seilbahnfahrt 5 und Besichtigung der Festung Ehrenbreitstein 19. Führungen zu den Wechselausstellungen: 1. und 3. So. im Monat um 15 Uhr (Anmeldung unter Tel. 0261 1292406).

8 Basilika St. Kastor ★★★ [E2]

Die Basilika St. Kastor, meist Kastorkirche genannt, ist die älteste Kirche der Stadt: ein romanisches Prunkstück. Das Gotteshaus schrieb im Mittelalter Geschichte, als sich Kaiser und Könige hier die Klinke in die Hand gaben. Die freistehende Kirche aus hellem Tuffstein ist dem heiligen Kastor geweiht, der im vierten Jahrhundert die Menschen an der Mosel missionierte. Und bis heute ist St. Kastor ein Hort katholischen Glaubens, den der Papst 1991 in den Rang einer Basilica Minor erhob.

Als Basilica Minor, also als „kleinere Basilika", werden **bedeutende Kirchen** ausgezeichnet. Sie können durch ihre Architektur und Ausstattung von sich reden gemacht oder die Kirchengeschichte eines Landes beeinflusst haben – so wie St. Kastor, dessen Türme nicht zu übersehen sind. Die ehemalige Stiftskirche gilt als eines der wichtigsten Bauwerke mittelrheinischer Romanik – auch wenn nur die wenigsten Steine noch aus dieser Zeit stammen. Schon in römischer Zeit stand in der Gegend eine Tempelanlage, den Franken diente das Gelände als Friedhof.

Anfang des 9. Jahrhunderts entstand schließlich **St. Kastor:** ein ein-

KURZ & KNAPP

Diener zweier Herren: der Kastorbrunnen

Auf dem weiten Platz vor der Kastorkirche 8 steht der Kastorbrunnen. Seit 1812 versorgt er die Stadt mit Quellwasser. Geschichte machte er, als der damalige französische Stadtpräfekt in Erwartung eines Sieges Napoleons auf seinem Russlandfeldzug in den Brunnen aus Basaltquadern die Inschrift meißeln ließ: „A Napoleon le Grand. An. MDCCCXII Memorable par la Campagne contre les Russes sous la Prefecture de Jules Doazan" („An Napoleon den Großen. 1812 zum Gedenken an den Russlandfeldzug unter der Präfektur von Jules Doazan"). Doch der Feldzug endete anders als erwartet. Russische und preußische Soldaten verfolgten die Angreifer bis an den Rhein und zwangen die Franzosen zum Rückzug aus Koblenz. Der neue russische Stadtkommandant bewies Humor, als er unter die eingemeißelte Lobeshymne auf Napoleon eine neue Zeile setzte: „Vu et approuvé par nous Commandant Russe de la Ville de Coblentz" („Gesehen und genehmigt durch unseren russischen Kommandanten der Stadt Koblenz").

facher Saalbau in der Breite des heutigen Mittelschiffs. Die Kirche war Teil des **Kastorstifts**, in dem viele Geistliche lebten. Im Lauf der Zeit wurde das Stift, das lange Zeit außerhalb der eigentlichen Stadt lag, zum **Treffpunkt von Kaiser und Königen**, die hier große Politik machten. So wurde die Teilung des Frankenreichs, anno 843 im Vertrag von Verdun endgültig festgeschrieben, hier ausgehandelt. Auch familiäre Streitigkeiten unter den Karolingern wurden gern in Koblenz geschlichtet. So wie zu Pfingsten 860, als Karl der Kahle, Ludwig der Deutsche und Lothar II. in der Sakristei der Kirche zusammenkamen, um Differenzen hinsichtlich ihrer Herrschaftsansprüche auszuräumen. Und 1138 ließ sich Konrad III. aus dem Geschlecht der Staufer in der Kastorkirche zum deutschen König ausrufen.

Im Lauf der Jahrhunderte erweiterte man die Kirche mehr und mehr. Mit dem Einzug eines gotischen Gewölbes an Stelle eines Flachdaches Ende des 15. Jahrhunderts hatte St. Kastor dann endgültig Gestalt angenommen. Politisch aber spielte das Stift, das Anfang des 19. Jahrhunderts endgültig aufgehoben wurde, längst keine Rolle mehr.

Glück im Unglück hatte man im **Zweiten Weltkrieg**, als Bomben und Artilleriegeschosse die Kastorkirche schwer beschädigten. Die Gewölbe aber hielten, sodass man schnell mit dem Wiederaufbau beginnen konnte. In den 1980er-Jahren wurden die Türme im Westen gesichert und das Kircheninnere gründlich saniert. So ist das Gotteshaus auch heute immer eine Stippvisite wert.

Die **stämmigen Pfeiler** des Langhauses aus der ersten Hälfte des 13. Jahrhunderts, die das Gotteshaus in drei Teile gliedern, fallen sofort ins Auge. Ebenso das **gotische Gewölbe** mit seinen schönen Schlusssteinen. Richten Sie also ruhig mal ihren Blick nach oben! Über der Apsis zeigt sich das Himmlische Jerusalem auf dem Triumphbogen, ein modernes Fresko-Gemälde, das im Kontrast zu den anderen Malereien im Gewölbe steht.

Wichtigstes Schmuckstück der Kirche ist die auf 1625 datierte, reich verzierte **Sandsteinkanzel**. Das frühbarocke Juwel zeigt als Vollplastik die vier Kirchenväter und den Guten Hirten, dazwischen die vier Evangelisten mit ihren Symbolen. Die mehr als ein Dutzend Wappen verweisen vermutlich auf die Stifter und Stiftsherren. An der Südwand des Querschiffs finden sich über ein paar Grabplatten aus dem 12. Jahrhundert sehenswer-

021ko-gs

Prunkstück der Kastorkirche ist das renovierte gotische Gewölbe

MEIN TIPP

Gerhards Genussgesellschaft

Zwischen Deutschem Eck 6 und Kastorkirche 8 pflegt Georg Gerhards seine Genussgesellschaft (s. S. 89). Im Sommer lockt die **große Außenterrasse** mit ihrem einmaligen Blick auf das romanische Gotteshaus. Von mittwochs bis sonntags verwöhnt der Chef seine Gäste mit Vorspeisen, Suppen, Desserts, Fisch- und Fleischgerichten. Zu Gerhards Spezialitäten zählen Fleischgerichte, die in immer neuen Variationen auf den Tisch kommen. Die Speisekarte wechselt wöchentlich, Langeweile kommt daher nicht auf – und das zu einem guten Preis-Leistungs-Verhältnis.

082ko-gs

Z. B. mit Kaltschalen verwöhnt die Genussgesellschaft im Sommer

te **Tafelbilder aus dem Spätmittelalter**, die einst die Rückseite des Lettners zierten. Zu sehen sind die zwölf Apostel, umrahmt von Jesus Christus, Maria, dem Kirchenpatron Kastor und der seligen Rizza. Sie gilt als **Koblenzer Stadtpatronin** und ist angeblich eine Tochter Ludwig des Frommen. Im linken (nördlichen) Seitenschiff findet sich im mittleren Joch ihr neugotischer Reliquienschrein. Gleich daneben verdient ein **Fresko aus der Spätgotik** Aufmerksamkeit, das ahnen lässt, wie es in der Kirche einmal ausgesehen hat.

Dass St. Kastor einst auch **Grabkirche** für Erzbischöfe, Ritter und Dechanten war, beweisen viele kunstvolle Wandgräber. Im rechten (südlichen) Seitenschiff, nicht weit entfernt von einem barocken Taufstein aus rotem Lahn-Marmor, fällt ein buntes Doppelgrabmal ins Auge. Es zeigt einen Anfang des 15. Jahrhunderts verstorbenen Koblenzer Amtmann samt seiner Gattin: zwei fast lebensgroße Figuren im Gewand ihrer Zeit – eines der schönsten Zeugnisse rheinischer Grabarchitektur.

An der Nordseite der Kastorkirche findet sich der sogenannte **Paradiesgarten**, der ideale Platz für alle, die gern träumen. Eine blumenreiche, gepflegte Anlage mit Bänken, die sich für eine kleine Pause anbieten.

› **Basilika St. Kastor**, Kastorhof 4, www.sankt-kastor-koblenz.de, April–Okt. tgl. 9–18, Nov.–März tgl. 10–16 Uhr, Gottesdienste: Sa. 18.30 und So. 11 Uhr

9 Moselanlagen (Peter-Altmeier-Ufer) ★★ [E2]

Wie das Rheinufer wurde auch das der Mosel zur **Bundesgartenschau 2011** aufgehübscht. So kann man heute bequem vom Deutschen Eck 6 den Fluss entlangbummeln, vorbei an der Alten Burg, unter der sanierten **Balduinbrücke** und der achtspurigen **Europabrücke** hindurch, bis zur ersten Mosel-Staustufe. Im Sommer laden **Biergärten** und **Terrassen** zum Verweilen und es gilt, den Blick über den Fluss zu genießen. Am schönsten ist es hier spätnachmittags, wenn die untergehende Sonne das Ufer in Licht und Wärme taucht.

Ist das Rheinufer nach Konrad Adenauer benannt, trägt das Moselufer den Namen **Peter Altmeiers** (1899–1977), des in Koblenz aufgewachsenen, ehemaligen Ministerpräsidenten des Landes Rheinland-Pfalz. An ihn erinnert auch ein unweit des Deutschen Ecks aufgestelltes Denkmal, dessen Sinn sich dem Betrachter nur schwer erschließt. Vier rote Sandsteinblöcke sollen die Gebiete (Teile der preußischen Provinzen Rheinland und Hessen-Nassau, Rheinhessen und die bayrische Pfalz) symbolisieren, aus denen das Bundesland Rheinland-Pfalz nach dem Zweiten Weltkrieg hervorgegangen ist. Auf einer Gedenktafel neben dem sechs Meter hohen und vier Meter breiten Kunstwerk ist unter anderem zu lesen: „Peter Altmeier stand an der Spitze der Männer und Frauen, die nach furchtbaren Kriegszerstörungen im Westen Deutschlands ein neues demokratisches Land erbauten". Schönstes Gebäude am Moselufer ist die **Alte Burg.** Es ist der einzige mittelalterliche Großbau in Koblenz, der, sieht man von den Verwüstungen französischer Revolutionstruppen ab, alle Zeiten unbeschadet überstanden hat. Von der ehemaligen Anlage allerdings hat sich bis heute nur das Burghaus erhalten, dessen Geschichte ins tiefe Mittelalter reicht. Damals ließ Heinrich von Finstingen (1260–1286), Erzbischof und Kurfürst von Trier, einen teilweise auf römischen Mauern gründenden romanischen Wohnbau als Zwingburg anlegen, um die nach Unabhängigkeit strebenden Koblenzer Bürger unter Kontrolle zu behalten. Auf drei Seiten war die Anlage von einem von der Mosel gespeisten Wassergraben und einer Ringmauer umgeben, die Macht und Anspruch kurfürstlicher Herrschaft signalisierten. Nach Ende der Kurfürstenzeit wurde die Burg unter anderem als Fabrik, Sparkasse und Archiv genutzt. Wegen der gelungenen Mischung aus Spätgotik, Renaissance und Barock gilt das inzwischen etwas in die Jahre gekommene Gemäuer noch immer als eines der wichtigsten Baudenkmäler der Stadt.

Nahe der Alten Burg führt die **Balduinbrücke** über die Mosel, der äl-

☑ *Die Alte Burg erhebt sich über dem Peter-Altmeier-Ufer*

teste erhaltene Flussübergang der Stadt. „Als wir gegen die Moselbrücke zufuhren", notierte Goethe in seinem Werk „Dichtung und Wahrheit", „stand uns dieses schwarze, mächtige Bauwerk kräftig entgegen; durch die Bogenöffnungen aber schauten die stattlichen Gebäude des Tals hervor." Auch heute noch ist es die Aussicht, die einen Gang über die Brücke nahelegt: der einmalige Blick zum Deutschen Eck 6 und der Festung Ehrenbreitstein 19. Zur Unterscheidung von der mehrspurigen Europabrücke, der „neuen Moselbrücke", gilt die Balduinbrücke in Koblenz als die **„alte Moselbrücke"**. Benannt ist sie nach ihrem Bauherrn, **Kurfürst Balduin von Luxemburg**, der sie Mitte des 14. Jahrhunderts in Auftrag gab und an den heute auf dem Moselübergang ein Denkmal erinnert. Zur Finanzierung der mittelalterlichen Brücke diente eine Brückenmaut, schließlich führte einer der wichtigsten europäischen Pilgerwege in Koblenz über die Mosel. Aber auch Erträge aus päpstlichen Ablässen nutzten die Bauherren als Geldquelle.

Hochwasser und Eisgang setzten der Brücke im Lauf der Jahrhunderte häufig zu, sodass sie immer wieder repariert werden musste. Um dem gestiegenen Verkehrsaufkommen Rechnung zu tragen, wurde sie 1883 erstmals verbreitert und noch einmal in den 1960er-Jahren, als man sie wegen des Ausbaus der Mosel zur Bundesschifffahrtsstraße fast komplett erneuerte. Eine wichtige Rolle bei der Schiffbarmachung der Mosel spielten die **Staustufen**, deren erste nur ein paar Fußminuten hinter der Balduinbrücke bei Flusskilometer 1,94 liegt. Ein technisches Meisterwerk, das Fußgänger auf einem Steg queren können.

Mosellum (s. S. 85) heißt das Besucher- und Informationszentrum der Anlage, die ein kleines Wasserkraftwerk speist und so jährlich den Strom für viele Tausend Haushalte liefert. Zwei Schleusen sind für Frachter reserviert, eine kleinere für Sportboote. Dem Artenschutz dient eine Fischtreppe. Größe und Art der aufsteigenden Flussbewohner registriert elektronisch eine Kontrollstation, die man besichtigen kann. Das Mosellum informiert über das Leben in und auf dem Fluss.

10 Florinskirche und Florinsmarkt ★★ [C2]

Das **Stift St. Florin** war eines der reichsten und wichtigsten im Erzbistum Trier. Von hier aus wurde unter anderem die Missionierung des Westerwalds organisiert. Die erste Stiftskapelle war der Muttergottes geweiht, doch mit der Wende ins zweite Jahrtausend setzte sich St. Florinus als Name des Stiftes durch.

Greifbar wird die Geschichte der Florinskirche um das Jahr 1100 mit dem Bau einer **dreischiffigen Pfeiler-**

KURZ & KNAPP

Florinus vom Vinschgau

Namensgeber der Florinskirche ist ein kaum bekannter Heiliger aus dem Unterengadin. Über sein Leben weiß man so gut wie nichts. Kein Wunder, dass sich um den einstigen Pfarrer aus Remüs (Ramosch) im heutigen Schweizer Kanton Graubünden zahlreiche Legenden ranken. Viele erzählen, wie er immer wieder Wasser in Wein verwandelt haben soll, woran die Gläubigen das Wirken Gottes erkannt haben wollen. An diese Wunder erinnert auch eine Statue über dem Seitenportal der Kirche.

basilika, deren Ostseite man damals in die römisch-fränkische Stadtmauer einpasste. 1803 wurde das Stift aufgehoben, die Inneneinrichtung verkauft und manches Denkmal zerschlagen. 1807 schenkte Napoleon die Kirche der Stadt, um darin ein Schlachthaus mit Verkaufsständen einzurichten. Soweit aber kam es nicht, weil die Preußen das Gebäude 1818 der neuen evangelischen Gemeinde übertrugen.

Im Innern der mächtigen Kirche sind die **Glasfenster** aus dem 14. Jh. von hohem kunstgeschichtlichem Rang. Sie kamen bei der evangelischen Neuausstattung des Gotteshauses im frühen 19. Jahrhundert aus Hessen nach Koblenz und zeigen im südlichen Seitenschiff Bilder aus dem Leben Christi – von der Verkündigung bis zur Auferstehung. Die Glasmalereien in der Taufkirche thematisieren neben der Kreuzigung die Ausgießung des Heiligen Geistes. Zu den ältesten Originalteilen der Kirche gehören Reste von Altären und mittelalterliche Wandmalereien im südlichen Seitenschiff. Besonders gut hat sich dort eine gotische Darstellung der heiligen Agatha erhalten, der man bei ihrem Martyrium angeblich die Brüste mit Zangen zerriss.

Der **Florinsmarkt** zu Füßen der Kirche mit seinen gotischen Prachtbauten wie dem **Kauf- und Danzhaus** (Hausnr. 15) war das Herz der mittelalterlichen Stadt. Kaufleute, deren Schiffe am Moselufer ankerten, boten im Keller des Hauses ihre Waren an. Im ersten Obergeschoss wurden Feste gefeiert – daher auch der Name Danzhaus. Unter der Turmuhr ist der **„Augenroller“** (s. r.) zu Hause. Gleich daneben steht das 1530 errichtete **Schöffenhaus** (Hausnr. 17). Hier tagten die Schöffen des Stadtgerichts, zu deren Aufgaben unter anderem die Überwachung der Münzen und Gewichte gehörte. Außerdem gab es in dem Haus eine Folterkammer. Vor dem Gebäude stand bis ins 18. Jh. zudem der städtische Pranger.

Links vom Alten Kaufhaus findet sich der Mitte des 17. Jh. erbaute **Bürresheimer Hof** (Hausnr. 13), der sei-

KURZ & KNAPP

Der Augenroller

Unterhalb der 1724 eingebauten Turmuhr ist der „Augenroller“ an der Außenfassade des Kauf- und Danzhauses Blickfang. Er erinnert an die Sage vom Raubritter Johann Lutter von Kobern, der einst arme Bauern und reiche Adelsleute bestohlen haben soll, bis er gefasst und 1536 zum Tode verurteilt wurde. „Errichtet mir ein Denkmal, es wird euch Glück bringen“, soll er auf dem Weg zu seiner Hinrichtung den Umstehenden zugerufen haben. Auf dem Schafott, so die Sage, verdrehte er dann seine Augen und streckte den Zuschauern die Zunge heraus. Heute jedenfalls gilt der Augenroller als Glücksbringer – auch wenn er einem jede halbe Stunde die Zunge rausstreckt!

087ko-gs

nen Namen seinen einstigen Hausherren, den Freiherren von Breitbach-Bürresheim, verdankt. Von 1848 bis 1938 diente das Haus der jüdischen Kultusgemeinde als Synagoge. Darauf weist eine Gedenktafel hin.

› **St. Florin**, Am Florinsmarkt, Tel. 0261 4040333, Mitte Mai–Anfang Okt. tgl. 10.30–17.30 Uhr

11 Münzplatz ★ [C3]

Vielen gilt der Münzplatz als das **Herz der Altstadt.** Seinen Namen verdankt er der ehemaligen kurtrierischen Münze, die hier ihren Sitz hatte. Die Münzen der Trierer Kurfürsten nämlich wurden seit Mitte des 11. Jahrhunderts vorwiegend in Koblenz geprägt. Anfang des 19. Jahrhunderts wurden die Gebäude der Münzfabrik abgerissen, sodass der heutige Münzplatz entstand. Vor allem an Sommerwochenenden stimmen sich Gäste wie Einheimische hier gern in den umliegenden **Cafés** und **Restaurants** auf den Abend ein, ehe es weiter zum Feiern in die benachbarten Clubs und Bars geht.

Beachtung verdient der **Metternicher Hof** (Münzplatz 8), in dem 1773 **Clemens Wenzel Lothar Fürst Metternich** geboren wurde, einer der größten Söhne der Stadt. Als Außenminister und Staatskanzler im österreichischen Kaiserreich gehörte er einst zu den mächtigsten Politikern Europas. So trug der Wiener Kongress Anfang des 19. Jahrhunderts, der die Neuordnung Europas zur Folge hatte, im Wesentlichen seine Handschrift. Heute dient das Haus Metternich der **Arbeitsgemeinschaft bildender Künstler am Mittelrhein** als **Ausstellungsforum**, in dem jährlich rund ein halbes Dutzend Ausstellungen mit moderner Kunst stattfinden (s. S. 84).

12 Liebfrauenkirche und Umgebung ★★ [C3]

Im Zentrum der Altstadt, hochwassersicher an deren höchster Stelle, steht die katholische Liebfrauenkirche. Vom Spätmittelalter bis zur Französischen Revolution war die der Mutter Gottes geweihte Kirche das wichtigste Gotteshaus der Stadt. Ihre Wurzeln reichen zurück in die römische Spätantike, als man einen profanen Saalbau zum ersten Versammlungsort der Koblenzer Christen gemacht hatte. Ende des 12. Jahrhunderts schließlich entstand eine spätromanische Pfeilerbasilika mit Emporen, die im Lauf der Jahrhunderte immer wieder erweitert oder modernisiert wurde.

Im 13. Jahrhundert kamen die beiden, das Stadtbild noch heute prägenden **Türme** hinzu. Ende des 15. Jahrhunderts ersetzte man die romanischen Gewölbe des Langhauses durch ein spätgotisches Gewölbe mit passenden Schlusssteinen. Nachdem im Pfälzischen Erbfolgekrieg die gotischen Turmhelme zerstört wurden, setzte man der Kirche Ende des 17. Jahrhunderts schließlich barocke Hauben auf.

Seit 1702 thront die **Muttergottes** über dem Eingang: Zu sehen ist Maria, die Patronin der Kirche, als Himmelskönigin. Doch auch sie konnte nicht verhindern, dass man Anfang des 19. Jahrhunderts den Abriss des Gotteshauses erwog – angesichts des „ruinösen“ Bauzustandes, wie es damals hieß. Mit der Erneuerung des Dachs 1808 aber ließ man diese Idee wieder fallen und machte stattdessen den Weg für eine **Generalsanierung** im neuromanischen Stil frei.

Wie fast alle Koblenzer Kirchen litt auch Liebfrauen unter dem Bombardement des **Zweiten Weltkriegs.** Nur Gewölbe und Mauern blieben erhalten. Gleich nach Kriegsende stülpte man deshalb ein Notdach über das Gotteshaus. Schon Mitte der 1950er-Jahre aber hatte Liebfrauen wieder ein richtiges Dach und seine prägenden **Barockhauben.** Auch Chor und Schiff wurden nach mittelalterlichem Vorbild im Lauf der Jahre neu gestaltet.

Historisch gewichtig ist der **Altar** des heiligen Nikolaus im südlichen Seitenschiff. Sein Marmoraufsatz zeigt ein 1680 gefertigtes Gemälde mit dem Heiligen, der seine Hand segnend über eine alte Koblenzer Stadtansicht hält.

Nicht zuletzt bezeugen zahlreiche **Grabmäler,** dass die Kirche und der sie bis 1777 umgebende Kirchhof lange Zeit vor allem Adligen als letzte Ruhestätte dienten. Die einfachen Leute wurden in Beinhäusern wie der noch heute erhaltenen **Michaelskapelle** gleich neben der Kirche bestattet. Das Läuten der sogenannten **Lumpenglocke** markiert in Koblenz den Einbruch der Nacht. Es ist der letzte Glockenschlag des Tages.

Im Schatten der Kirche finden sich zahlreiche Lokale und der Eissalon eGeLoSla (s. S. 92), dessen Personal man durch große Scheiben bei der Eiszubereitung zuschauen kann. Im Sommer laden Terrassenrestaurants zur Pause. Von der Liebfrauenkirche führen zwei kleine Sträßchen in Richtung Norden, die vor allem die Einheimischen ins Herz geschlossen haben: die **Gemüse- und die Mehlgasse.** Die beiden Namen erinnern daran, mit was hier einst gehandelt wurde. Beide verbindet das Etzegäßchen, die kürzeste Straße der Stadt. Neben lauschigen Restaurants und Bistros findet der Besucher hier ein paar kleine **Denkmäler,** die **Koblenzer Originale** verkörpern. So das **„Pefferminzje“**, eine tierliebende Frau, die gern Geld für Vierbeiner schnorrte und dabei ein Pfefferminz verschenkte, oder **„Spitals Andun“:** ein kleiner Mann mit großen Füßen, der im Bürgerhospital (Spital) wohnte. Wenig weiter steht **„Dä Lange Gummi“**, ein stadtbekannter Hausierer, der wegen seiner Gangart auffiel. Eine Tafel hinter dem Denkmal erklärt: „Im Leben hieß ich Peter Schneider, im Laufen war ich lustig heiter. Der Volksmund nannte mich Gummi, der Herrgott warf mich ummi“.

023ko-gs

Mit ihren barocken Hauben unverkennbar: die Liebfrauenkirche

Große Koblenzer Geschichte lebt auf einem riesigen **Wandgemälde** im **Brunnenhof Königspfalz,** einem lauschigen und ruhigen Innenstadt-Plätzchen. Das haushohe Bild erzählt vom Pfingsttreffen der fränkischen Herrscher Karl der Kahle, Ludwig der Deutsche und Lothar II., die sich einst in „Cobelenze" trafen, um ihre Herrschaftsansprüche zu koordinieren. Eine Szene, die mittelalterlichen Glanz neu aufleben lässt!

› **Liebfrauenkirche,** Florinspfaffengasse 14, Tel. 0261 31550, www.liebfrauen-koblenz.de, tgl. 9–17 Uhr, Gottesdienste: So. 9.30 und 11.30 Uhr

084ko-gs

Das Wandgemälde im Brunnenhof erzählt von diplomatischen Treffen

13 Jesuitenplatz mit Rathaus und Citykirche ★★ [D3]

Der Jesuitenplatz gehört zu den schönsten Plätzen in Koblenz. Das liegt in erster Linie an seinem Ambiente, das prächtige Bauten aus Renaissance und Frühbarock ausmachen, zu denen auch das heutige Rathaus gehört. Vor allem im Sommer ist der Platz im Herzen der Altstadt ein beliebter Treffpunkt und die im Freien stehenden Stühle und Tische der Cafés laden zum Verweilen ein. Seinen Namen erhielt der Platz von den Jesuiten, die mit einigen Unterbrechungen bis ins heutige Jahrtausend in Koblenz wirkten.

Ende des 16. Jahrhunderts hatte der Trierer Kurfürst und Erzbischof die Ordensleute in die Stadt geholt. Im Zeitalter der Gegenreformation galten sie als besonders engagierte Fürsprecher des katholischen Glaubens. 1581 richteten die Jesuiten ihre erste Schule in Koblenz ein, aus der schließlich das noch heute existierende Görres-Gymnasium hervorgehen sollte. Die schlossartigen Klostergebäude mit ihren Türmen und Portalen dienten nach der Säkularisation als Fest- und Konzertsäle, als Übungsräume und Lazarett, seit Ende des 19. Jahrhunderts schließlich als **Rathaus.** Hinter ihren Mauern konstituierte sich nach dem Zweiten Weltkrieg sogar der Landtag des neu gegründeten Bundeslandes Rheinland-Pfalz, der seine ersten Sitzungen im großen Saal des Rathauses abhielt.

Am Jesuitenplatz befindet sich auch die zwischen 1613 und 1617 erbaute **Jesuitenkirche, die heute als „Citykirche" firmiert.** Ende der 1950er-Jahre baute man das im letzten Krieg arg zerstörte Gotteshaus ohne großen Glanz wieder auf. Nur die meist verschlossene barocke Sakristei und die Fassade des Gotteshauses, die das einstige Renaissance-Portal und eine gotisch anmutende Fensterrose schmücken, erinnern noch an die Glanzzeiten der Jesuiten in Koblenz. Die Front der Kirche zeigt den Ordensgründer Ignatius von Loyola und seinen Gefährten Franz Xaver. **Weihwasserbecken** und **Schlusssteine** der ehemaligen Kirche hat man in den einfach und nüchtern wirkenden Neubau kunstvoll integriert. Die meisten Besucher, allen voran die Einheimischen, kommen wegen einer kleinen **Madonnenfigur**, die sich von Kerzen umrahmt inmitten der Kirche findet. Das Gnadenbild, dem heilende Kräfte unter anderem gegen Kopfschmerzen nachgesagt werden, ist eine um 1500 entstandene Arbeit und wird seit 1587 in Koblenz verehrt.

Hausherren der Citykirche sind heute die sogenannten **Arnsteiner Patres**, ein ursprünglich französischer Orden von Männern und Frauen, der Gebet und Gemeinschaftsleben mit apostolischen Tätigkeiten verbindet. Der „Kongregation von den Heiligsten Herzen Jesu und Mariens und der ewigen Anbetung des Allerheiligsten Altarsakramentes“, wie der Orden offiziell heißt, gehören neben Brüdern und Schwestern auch Laien an.

Freude macht das Glockenspiel an der Fassade des **Johannishauses** (Jesuitenplatz 4), ein Geschenk des Katholischen Lesevereins an die Bürger der Stadt. Zwischen 10 und 22 Uhr bringt es zu jeder vollen Stunde ein passendes Ständchen. Im Angebot sind knapp 100 Melodien – passend zur Jahreszeit – vom Karnevals- bis zum Weihnachtslied. Den Spielplan gibt es im Internet (www.katholischer-leseverein.de/das-glockenspiel-am-jesuitenplatz).

› **Citykirche Koblenz,** Am Jesuitenplatz 4, Tel. 0261 912630, Mo.–Sa. 9–18 Uhr, Gottesdienst: Sa. 12 Uhr, stilles Gebet: Di., Mi., Fr., Sa. 17.30–18 Uhr

14 Schängelbrunnen ★★ [D3]

Das für viele gebürtige Koblenzer eigentliche Wahrzeichen der Stadt steht im Rathaushof: der sogenannte Schängelbrunnen. Er ist dem Mundartpoeten und Schuhmacher **Josef Cornelius** (1849–1943) gewidmet, der zum Karneval 1914 das Schängellied schrieb, die Koblenzer Stadthymne. Sie glorifiziert „dat Kowelenzer Schängelche“. Heute ist es die Dialekt-Bezeichnung für alle in der Stadt Geborenen – ganz gleich ob Junge oder Mädchen. Zur Wende vom 19. ins 20. Jahrhundert, als der Begriff entstand, waren damit vor allem Buben gemeint, die in der Zeit der französischen Besatzung als Kinder deut-

083ko-gs

Der Schängelbrunnen: ein Wasser spuckender Lausbub

scher Mütter und französischer Väter in „Coblenz“ zur Welt kamen. Ein solcher Lausbub steht heute frech auf der Brunnenspitze. Einer, den Jung und Alt ins Herz geschlossen haben. Ein übermütiger Bursche, der im Sommer alle paar Minuten Wasser spukt – in der Regel weit über den Brunnenrand hinaus. Deshalb Achtung, wer Angst vor einer Dusche hat!

15 Görresplatz ★★ [D3]

Unter den Einheimischen ist der Görresplatz – genau genommen **Josef-Görres-Platz** – einer der beliebtesten Treffpunkte. Das liegt an seiner Größe, dem rund um die Uhr geöffneten, unterirdischen Parkhaus, den Kneipen und Restaurants rundum – vor allem aber dem **Brunnen** in seiner Mitte. Auf einer rund zehn Meter hohen Säule – das Land Rheinland-Pfalz schenkte sie den Bürgern der Stadt zur 2000-Jahr-Feier 1992 – erzählt er in eindrucksvollen Bildern von unten nach oben **Koblenzer Geschichte.** So verweist ganz unten ein mit Weinfässern beladenes Schiff auf die römische Siedlung Confluentes. Nach oben hin werden fränkische Königszeiten, kurfürstliche Ära und die Zeit der Kreuzzüge lebendig. Figuren mit Pferden erinnern an die Stadt der Handwerker und Kaufleute. Es folgen zwei dunkle Kapitel der Stadthistorie: der Dreißigjährige Krieg und die Französische Revolution, die Leid und Zerstörung brachten. Eine mächtige Festung spiegelt die preußische Glanzzeit, das nächste Bild Leid und Elend nach den Luftangriffen im Zweiten Weltkrieg. Ganz oben thront stolz das Koblenz von heute, die Stadt zwischen Tradition und Moderne. Archäologische Funde belegen, dass die Gegend um den heutigen Görresplatz schon zu Zeiten der Römer besiedelt war. Im Mittelalter gehörte sie zum Grundbesitz des Kastorstiftes, später zum Jesuitenorden. Im 19. Jahrhundert ging der Platz schließlich in städtischen Besitz über. Im Lauf der Zeit wechselte er nicht nur häufig sein Gesicht, sondern auch seinen **Namen.** Mal hieß er einfach nur „Großer Platz“, in der Franzosenzeit „Place verte“. Seinen heutigen Namen erhielt der Görresplatz erst 1946 in Erinnerung an den in Koblenz geborenen Publizisten und Historiker **Joseph Görres,** dem auch ein großes Denkmal am Rheinufer vor dem Kurfürstlichen Schloss 3 gewidmet ist.

1827 eröffnete **Karl Baedeker** (1801–1859), der die Bewertung von Reisezielen mit Sternchen erfand, hier am Platz eine erste Verlagsbuchhandlung. Sein von ihm herausgegebenes Werk „Rheinreise von Mainz bis Cöln, Handbuch für Schnellreisende“ wurde zum ersten großen Reisebuch-Bestseller, der gleich mehrmals aufgelegt werden musste.

080ko-gs

Weintransport zu römischer Zeit zeigt der Brunnen am Görresplatz

Südliche Vorstadt (Neustadt) und Karthause

Lange Zeit war Koblenz eingeschnürt, die von Rhein und Mosel begrenzte Stadt konnte sich kaum ausdehnen. Zudem verboten Gesetze jede größere Bebauung im Vorfeld der Festungsanlagen. Erst im späten 19. Jahrhundert legte man im Süden der Altstadt, wo bis dahin Gärten und Grünanlagen das Bild bestimmten, großzügig neue Straßen an. Den Boden dafür hatte der Bau der linksrheinischen Eisenbahnstrecke nach Bingen bereitet, die mitten durch die heutige Südstadt lief. Aber erst als die Preußen 1890 die Stadtbefestigung aufgaben, war der Weg für die **Erweiterung der Stadt** Richtung Westen und Süden endgültig frei.

Mit der Gestaltung der südlichen Vorstadt beauftragte die Stadt einen der großen Städteplaner Preußens, **Hermann Joseph Stübben** (1845–1936). Er ersetzte die beiden Bahnhöfe an Mosel und Rhein durch einen neuen, großen Hauptbahnhof, plante breite Straßen, Schulen und monumentale Kirchen an Plätzen, auf die jeweils mehrere Straßen zuliefen.

Nach und nach wurde so die heutige Neustadt erschlossen – zum Beispiel die Adamsstraße in der Nähe des Rheinufers, wo sich noch einige Gebäude aus dem späten 19. Jahrhundert erhalten haben. Hier stehen Villen und Landhäuser, die ihren Reiz freilich oft erst im Inneren entfalten. Stuckdecken, filigrane Holztreppen und geschnitzte Türen sind Zeugen gründerzeitlicher Detailverliebtheit. Historische Bauten aus jener Zeit vereinen auch Bismarckstraße, Friedrich-Ebert-Ring und Hohenzollernstraße.

Touristisch relevant sind in der Neustadt eigentlich nur der Bahnhof und drei monumentale Gotteshäuser. Das älteste, die **Josefskirche**, ist ein neugotischer Prachtbau: eine dreischiffige Basilika mit einem 90 Meter hohen Kirchturm, dem höchsten der Stadt. Bei Bombenangriffen 1944 schwer beschädigt, wurde die Josefs-

Am Eingang zur Neustadt: die Herz-Jesu-Kirche *(s. S. 42)* kirche nach dem Krieg wieder hergerichtet. Allerdings wurde die neogotische Ausmalung im Kircheninneren erst 1982 fertig. Ältestes Ausstattungsstück ist ein um 1720 entstandenes spätbarockes Gnadenbild.

Am Übergang von der Alt- in die südliche Vorstadt findet sich die katholische **Herz-Jesu-Kirche,** eine dreischiffige Pfeilerbasilika mit wuchtigen Doppeltürmen. Sie wurde Anfang des 20. Jahrhunderts errichtet und zählt zu den wichtigsten neuromanischen Gotteshäusern der Region.

Der erste große evangelische Kirchenneubau in Koblenz ist die im Jahr 1904 vollendete **Christuskirche,** eine großflächige Hallenkirche mit mächtigem Turm. Von der ursprünglichen Ausstattung sind heute nur ein neogotischer Taufstein und ein zwölfarmiger Messingleuchter übrig geblieben.

Freunde moderner Kunst könnte die **Kapelle des Evangelischen Stifts St. Martin** interessieren, in der ein **Fenster** von dem bekannten deutschen Künstler **Markus Lüpertz** gestaltet ist. Das 32 m² große Werk zeigt den Heiligen Martin bei der Mantelteilung – ein ausdrucksstarkes und farbenfrohes Glasbild. Die Krankenhauskapelle steht jeden Tag bis 20 Uhr auch für Besucher offen.

★5 [B7] **Josefskirche,** St.-Josef-Platz 3, www.sankt-josef-koblenz.de, tgl. 9–18 Uhr

★6 [B4] **Herz-Jesu-Kirche,** Am Löhrrondell 1a, www.herz-jesu-koblenz.de, Mo.–Sa. 9–17, So. 10–19 Uhr

★7 [C5] **Christuskirche,** Hohenzollernstr. 2 (Ecke Friedrich-Ebert-Ring), www.koblenz-mitte.de, Gottesdienst: So. 10.30 Uhr

★7 [B7] **Krankenhauskapelle St. Martin,** Südallee, Seiteneingang des Krankenhauses, tgl. 6–20 Uhr

16 Bahnhof und Bahnhofplatz ★ [B6]

Zehntausende Reisende und Berufspendler beleben tagein, tagaus den Hauptbahnhof Koblenz. Er gilt als **Verkehrsdrehscheibe** der Rhein-Mosel-Lahn-Region. Seit 1902 ersetzt er die beiden ehemaligen Stationen, den Mosel- und den Rheinbahnhof. Einst mussten Reisende, die von Trier kamen und rechtsrheinisch weiter in Richtung Norden wollten, am 1879 in Betrieb genommenen Moselbahnhof aussteigen und sich zu Fuß oder mit der Kutsche zum rund 900 Meter weiter befindlichen, im Jahr 1858 erstmals angefahrenen Rheinbahnhof begeben. Weil man ihnen diese Strapazen auf Dauer nicht zumuten wollte, baute man anstelle des Moselbahnhofs einen „Centralbahnhof", der sich schnell zum Eingangstor in die südliche Vorstadt mauserte.

Der neobarocke Bahnhofspalast beherbergte im Nordflügel eine „Halle für Allerhöchste Herrschaften und Fürstenzimmer" mit direktem Zugang zum Gleis 1, auf dem gern der Kaiser anreiste. Die zum Bahnsteig führende „Kaisertreppe" gibt es noch immer. Ansonsten erinnert in dem im Krieg stark zerstörten Bahnhof kaum noch etwas an den Glanz von einst, bei Wiederaufbau und Sanierung setzte man ganz auf Funktion statt Repräsentation.

Das gilt auch für den **Bahnhofplatz,** unter dem sich eine große Tiefgarage befindet. Schräg gegenüber der Bahnstation ist ein großer **Busbahnhof,** der regelmäßige Verbindungen in den Westerwald, die Eifel, den Hunsrück, den Taunus, an die Mosel und die Lahn oder zum Hunsrück-Flughafen Hahn bietet.

17 Fort Konstantin (Rheinisches Fastnachtsmuseum) ★ [A6]

Die **„Festung Großfürst Konstantin"** gleich hinter dem Bahnhof steht im Stadtteil **Karthause**. Das noch vollständig erhaltene Fort war Vorposten der weitgehend verschwundenen Feste Alexander, einer militärischen Anlage, die dreimal so groß wie die zur gleichen Zeit entstandene Festung Ehrenbreitstein auf der anderen Rheinseite gewesen sein soll. Das bis 1827 fertiggestellte Fort sollte die Verbindung zwischen der Stadt und der Feste Alexander sichern, mit der es durch einen unterirdischen Gang verbunden war. Während des **Zweiten Weltkriegs** nutzte man die Anlage als Luftschutzbunker für die Bahnreisenden und die Bewohner umliegender Wohnhäuser. Bis Mitte der 1960er-Jahre bewohnten obdachlose Familien die Festung, die danach verfiel und erst seit 1994 wieder öffentlich zugänglich ist.

1997 entdeckte man bei Ausgrabungen **Reste eines mittelalterlichen Klosters**, das dort schon im 12. Jahrhundert bestanden haben könnte. Von der Stadt aus unübersehbar ragt der renovierte **Kehlturm** aus der Anlage, ein vor das Fort gesetzter Geschützturm. Heute beherbergt er das **Rheinische Fastnachtsmuseum.** Orden, Uniformen und allerlei Zubehör erzählen dort Koblenzer Fastnachtsgeschichte.

› **Fort Konstantin,** Am Fort Konstantin, Karthause, Tel. 02 6141347, www.pro-konstantin.de. Das Fort steht von Mai bis Oktober samstags von 10 bis 13 Uhr zur Besichtigung offen.

› **Rheinisches Fastnachtsmuseum,** www.fastnachtsmuseum-koblenz.de, Tel. 0160 92510111 (Führungen), Öffnung auf Anfrage, 2 €

Außerhalb des Stadtzentrums

18 Ehrenbreitstein ★ [F3]

Im Handumdrehen bringt der „Schängel" den Koblenz-Besucher ins rechtsrheinische Ehrenbreitstein. Das schon etwas betagte **Fährschiffchen** verkehrt von Ostern bis Oktober (tgl. 9–18.30 Uhr) gewöhnlich alle Viertelstunde vom **Pegelhaus** über den Rhein und zurück. Unter der Bahnstrecke und unter der auf Stelzen am Ortsrand entlang führenden Bundesstraße hindurch betritt man den Ort, in dem zeitweise auch die Trierer Kurfürsten residierten. Dabei passiert man die stählernen Hochwassertore, die wie auch die Deichanlagen Ehrenbreitstein im Fall des Falles vor den Fluten des Rheins schützen sollen.

Ein Bummel durch Ehrenbreitstein mit seinen alten Gassen und Häusern braucht nicht viel Zeit, die paar Sehenswürdigkeiten liegen eng beieinander. Eine ist der **Dähler Born,**

Das Fährschiff Schängel pendelt zwischen dem Pegelhaus am Rheinufer und Ehrenbreitstein

120ko-gs

ein täglich geöffnetes **Brunnenhaus** aus dem Jahr 1837: eine Oase der Ruhe vor allem an heißen Sommertagen. Mittelpunkt ist ein einfacher Raum, in dem sich ein paar Bänke und ein Brunnen befinden. Seine vier Kräne liefern das Wasser, dem man seit Jahrhunderten nachsagt, es helfe gegen Kopfschmerzen ebenso wie gegen Haarausfall. Bis in die 1930er-Jahre wurde es in Tonkrügen über den Rhein nach Koblenz geschafft und der Brunnen war so für Ehrenbreitstein auch eine Geldquelle.

Bauliches Prunkstück zu Füßen der Festung ist das sogenannte **Dikasterialgebäude**, ein barockes Juwel, in dem heute meist Behörden Unterschlupf gefunden haben. Der Bau wurde Mitte des 18. Jahrhunderts von Kurfürst Franz Georg Schönborn nach Plänen des bekannten Baumeisters Balthasar Neumann, dem Schöpfer der Würzburger Residenz, errichtet. Während der Bauzeit des Kurfürstlichen Schlosses in Koblenz diente er dem Trierer Kurfürsten als Amts- und Wohnsitz.

Früher lebte man gern in Ehrenbreitstein. Lang ist die Liste seiner prominenten Bewohner. Sie reicht vom Barock-Baumeister Balthasar Neumann und seinem Meisterschüler Johannes Seiz, den Literaten Johann Wolfgang von Goethe, Christoph Martin Wieland und Sophie von La Roche bis zum Freskenmaler Januarius Zick. Auch Ludwig van Beethovens Mutter, **Maria Magdalena Keverich**, die Tochter eines kurfürstlichen Oberhofkochs war hier anfangs zu Hause. In ihrem **Geburtshaus** erinnert eine kleine Ausstellung an **Beethovens Jugendzeit** und das musikalische und literarische Leben im damaligen Ehrenbreitstein.

Das Leben auf und am Rhein dokumentiert das **Rhein-Museum** in einem ehemaligen Schulhaus. Auf rund 1300 m² Fläche erzählt es von Fischern, Flößern und Matrosen, von Schiffern und ihrem Alltag. Es zeigt zahlreiche Modelle von Wasserfahrzeugen, die früher auf dem Rhein verkehrten. Bis in die frühe Neuzeit wurden die Schiffe gewöhnlich gerudert, dann gesegelt oder getreidelt, also vom Ufer aus den Fluss entlanggezogen. Schleppkähne finden sich im Rhein-Museum ebenso wie Fähren, erste Dampfschiffe und ein Modell eines „Köln-Düsseldorfers", der

100ko-gs

einst Touristen nach Koblenz schipperte. Bemalte Pfeifenköpfe, Tassen, Teller, Krüge, Postkarten und andere Sammlerstücke erzählen von der Rheinromantik. Hecht und Wels, zwei ausgestopfte Prachtexemplare aus dem Rhein, erinnern an den Fluss als Fischreservoir, dazu ist das Modell eines Aalkutters zu sehen, wie sie früher auf dem Mittelrhein unterwegs waren. Zu den Prunkstücken des Museums für Kulturgeschichte und Schifffahrt zählt ein großes Modell der Rheinbrücke aus dem 19. Jahrhundert.

Ansonsten lohnt noch ein Blick in die heute vom Deutschen Orden betreute **Kapuzinerkirche**, die nur ein paar Schritte vom Rhein entfernt und das einzig erhaltene barocke Gotteshaus auf Koblenzer Stadtgebiet ist. Ansonsten aber sollte sich der Besucher Richtung Festung 19 aufmachen, wohin von Ehrenbreitstein ein schweißtreibender Fußweg oder ein moderner Schrägaufzug führen.

★8 [G3] **Dähler Born,** Obertal 24

★9 [F2] **Dikasterialgebäude,** Hofstr. 265–279

★10 [F4] **Kapuzinerkirche,** Kapuzinerplatz 134

★11 [F3] **Mutter-Beethoven-Haus,** Wambachstraße 204, Tel. 0261 1292502, www.mutter-beethoven-haus.de, So. 14–18 Uhr, 3 €

★12 [F3] **Rhein-Museum Koblenz,** Charlottenstr. 53 a, Tel. 0261 703450, www.rhein-museum.de, Di.–Fr. 10–17, Sa., So. 12.30–16 Uhr, 7 € (Familienkarte 15 €). Die kostenlose **App** DigiWalk, die auf der Museumswebsite verlinkt ist, führt mit Hilfe von QR-Codes durch die Ausstellung.

Kurfürstliches Dikasterialgebäude und Festung Ehrenbreitstein 19

19 Festung Ehrenbreitstein und Landesmuseum Koblenz ★★★ [G2]

118 Meter über dem Rhein thront die Festung Ehrenbreitstein. Sie gilt als Koblenzer Wahrzeichen und ist neben dem Deutschen Eck 6 die meistbesuchte Sehenswürdigkeit der Stadt. Rund 5000 Jahre Koblenzer Geschichte konzentrieren sich hier, denen man in den alten Festungsanlagen nachspüren kann. Daneben informiert das Landesmuseum Koblenz in seinen Ausstellungshäusern unter anderem über Rheinland-Pfalz als Markenland und Hort deutschen Weinbaus und über archäologische Funde in der Region. Auch kulturelle Zeugen der langen rheinland-pfälzischen Technik- und Wirtschaftsgeschichte haben auf dem Ehrenbreitstein ein Zuhause gefunden. Einzigartig ist der Blick von den Festungsmauern auf den Zusammenfluss von Rhein und Mosel. Er allein lohnt schon den Weg nach oben!

Wege ins „rheinische Gibraltar“, wie die Einheimischen die gigantischen Festungsanlagen über der

MEIN TIPP

Abwechslungsreiche Rundtour mit dem Ringticket

Das sog. Ringticket erlaubt die „Eroberung“ der Festung 19 im rechtsrheinischen Ehrenbreitstein auf abwechslungsreiche Weise. Im Ticketpreis von 24 € (7–18 Jahre 14 €) ist neben dem Eintritt zur Festung auch die Anreise mit der Seilbahn 5 enthalten, zurück geht es mit dem Festungsaufzug und quer durch Ehrenbreitstein zur Anlegestelle der Rheinfähre „Schängel“, die einen wieder ans andere Ufer bringt.

› www.seilbahn-koblenz.de/ringticket.html

028ko-gs

Stadt gern nennen, gibt es viele. Am schweißtreibendsten sind die Fußwege wie der asphaltierte **Felsenweg**, der von der rechtsrheinischen Bundesstraße in Höhe des Deutschen Ecks zur Festung abzweigt.

Bequemer lässt sich der Anstieg mit dem **Festungsaufzug** aus dem Obertal bewältigen, der Besucher von morgens bis abends in gut drei Minuten nach oben bringt. Die Fahrkarten (Einzel-, Rück- oder Kombiticket inkl. Eintritt zur Festung) gibt es am Kassenautomaten der Talstation. Wer mit dem Bus von Koblenz bis zur Haltestelle Obertal zu Füßen des Festungsaufzugs anreist, nutzt die Aufstiegshilfe mit seinem Ticket gar kostenlos. Die meisten Besucher aber kommen mit der **Seilbahn** 5 vom Koblenzer Rheinufer aus und nähern sich der Festung also von hinten.

Meterdicken Wehrmauern aus blankem Bruchstein steht man anfangs gegenüber. Diese Seite der Festung war am leichtesten einzunehmen, weshalb man sie im Lauf der Zeit militärisch immer stärker gesichert hat – mit Mauern und Gräben, Tunnel und Brücken. Hat man das Labyrinth dieser Anlagen erst einmal durchschritten, verliert die Festung ihren martialischen Charakter und der **Obere Schlosshof** empfängt den Besucher mit einladenden, hell verputzten Gebäuden im klassizistischen Stil. Von hier aus bietet sich der einmalige Blick auf den Zusammenfluss von Rhein und Mosel. Vom Ehrenbreitstein aus betrachtet, schrumpft Koblenz zur Miniaturstadt, aus riesigen Schiffen und kilometerlangen Güterzügen werden bunte Tupfer und Streifen in der Landschaft. Hier lässt sich die strategische Bedeutung des Ortes am besten nachempfinden und man kann erahnen, warum die Vereinigung der beiden Flüsse immer wieder Künstler aller Art inspiriert hat.

Wer mit der Seilbahn kommt, muss sich gleich nach dem Eingang zur Festung entscheiden. Rechts führt ein blau markierter Weg direkt zu den **Ausstellungshäusern** („Haus der Fotografie", „Haus des Genusses", „Haus der Archäologie") und weiter zum Schlosshof mit einem weiteren

Hoch über dem Fluss thront die Festung Ehrenbreitstein 19

Ausstellungshaus. Links führt eine Route weiter, die dem Besucher die Geschichte der Festung näherbringt. **5000 Jahre Ehrenbreitstein** sind hier dokumentiert. Repliken eines römischen Pfeilgeschützes, ein mittelalterlicher Brustharnisch, originale Kanonenkugeln aus dem 18. Jahrhundert und eine Artilleriestellung um 1830 sind zu sehen, daneben Militäruniformen und eine Kanone, die bis zu vierzig Schuss pro Minute abfeuern konnte und bis zum Ersten Weltkrieg im Einsatz war. Detailgetreu wurden Soldatenstuben und Haftzellen, Wachlokale und Toilettenanlagen rekonstruiert. In der ehemaligen Pulverkammer geht es um Waffen – vom legendären „Greiff", der Prunkkanone der Trierer Kurfürsten, bis zu Festungsgeschützen des 19. Jahrhunderts. In einer „lebendigen Werkstatt" gibt ein Fachmann hin und wieder Einblick ins Handwerk der Büchsenmacher.

Die jüngere Geschichte der Festung wird in der rekonstruierten **Wohnung Suderland** thematisiert. Sie zeigt, wie ausgebombte Koblenzer Bürger in den 1950er-Jahren hier lebten.

Kleine Gärtchen auf den Dächern der Festung lieferten den Bewohnern damals Gemüse. Hier wurden von den Ausstellungsmachern **Historische Zeitgärten** angelegt: begrünte Areale, die zeigen, wie man von der Steinzeit bis in die Nachkriegszeit kleine Beete zur Selbstversorgung pflegte.

Die Landessammlung zur Geschichte der Fotografie hat mit einer repräsentativen Auswahl historischer Bilder im **Haus der Fotografie** Platz gefunden, das immer wieder mit sehenswerten Sonderausstellungen überrascht. Im **Haus des Genusses** stellt sich Rheinland-Pfalz als Weinland vor. In der angeschlossenen Vinothek werden von April bis Anfang November jedes Wochenende zwischen 13 und 17 Uhr Weinproben angeboten. Im **Haus der Archäologie** dokumentieren Faustkeile aus der Altsteinzeit, Gläser aus der Ära der Römer, wertvolle Fibeln aus der Frankenzeit und andere Exponate, welche Rolle die Rhein-Mosel-Region in der frühesten Vergangenheit spielte.

Ins zentrale **Haus der Kulturgeschichte** locken sehenswerte Son-

029ko-gs

Mit rund einer halben Million Besucher jährlich ist die Festung eines der populärsten Touristenziele am Rhein

Von der Bischofsburg zur Museumslandschaft: zur Geschichte

Schon zur **Bronzezeit** siedelten auf dem Bergplateau vermutlich die ersten Menschen, wie Ausgrabungen nahelegen. Und auch die **Römer** nutzten die strategisch gewichtige Lage über dem Zusammenfluss von Rhein und Mosel. Keramikfunde aus der Zeit der **Karolinger** lassen auf dem Ehrenbreitstein eine mittelalterliche Befestigung schon im 8. oder 9. Jahrhundert vermuten. Die erste nennenswerte Burg namens Ehrenbreitstein, vermutlich der Bau eines Grafen, ging um 1020 in den Besitz der Trierer Erzbischöfe über, die sie im Lauf der Jahrhunderte weiter ausbauten. Vor allem in Kriegszeiten diente der Ehrenbreitstein den **Heiligtümern der Region** als sicherer Hort. So war das Haupt des heiligen Matthias, des Apostels und Trierer Bistumspatrons, hier zeitweise ebenso untergebracht wie der Heilige Rock.

Vom 16. Jahrhundert an machten die Trierer Erzbischöfe und Kurfürsten aus der Burganlage schließlich eine **Festung.** 1524 stellte Richard von Greiffenklau zu Vollrads eine neun Tonnen schwere und fünf Meter lange Kanone auf dem Ehrenbreitstein auf. 80 Kilo schwere Kugeln konnte man mit ihr verschießen. „Der Greiff heiß ich. Simon goß mich. Meinem gnädigsten Herrn von Trier dien' ich. Wo er mich heißt gewalden, da will ich Dorn und Mauern zerspalten", heißt es auf dem Bronzemantel der Kanone, die heute zu den Prunkstücken in der Festung zählt. Nach dem Zweiten Weltkrieg hatten sie die Franzosen, wie schon einmal viele Jahre zuvor, nach Paris geschafft. 1984 aber kam **„der Greiff"** im Rahmen der deutsch-französischen Aussöhnung als Dauerleihgabe wieder hierher an den Rhein zurück.

Militärisch erstürmt wurde die Festung nie. Wenn ihr Besitz wechselte, dann meist nur nach Belagerung, mit der die Angreifer die Burgbesatzung aushungerten. So hatten auf dem Ehrenbreitstein mal die Deutschen, mal die Franzosen das Sagen. Zu dem, was er heute ist, machten den Ehrenbreitstein aber erst die **Preußen,** die die Festung nach dem Wiener Kongress als **Schutzwall gegen die Franzosen** ausbauten und damit einen der wichtigsten militärischen Brückenköpfe entlang einer Verteidigungslinie vom rheinischen Wesel ins badische Rastatt schufen. Unter großem Aufwand entstanden so im ersten Drittel des 19. Jahrhunderts gigantische Kasernenbauten. Bis zu 1500 Soldaten mit vielen Dutzend schweren Geschützen sollten sie für mindestens drei Monate sicheren Hort verschaffen, selbst unter Dauerbeschuss.

Ehrenbreitstein wurde so zur **Ministadt** mit eigener Kirche und einem Gefängnis, das nicht nur von Militärs belegt wurde. Bis 1909 verbüßten hier vor allem politische Gefangene ihre Strafen – darunter Ärzte, Schriftsteller und Diplomaten. Vier der alten Arrestzellen können heute besichtigt werden. Die Soldaten selbst waren gewöhnlich in kleinen Stuben untergebracht, in denen sie auch meist ihre Mahlzeiten einnahmen. Mehr Platz hatten nur die oberen Dienstränge. Ab 1884 wurden zudem Duschen in der Festung eingerichtet.

Schon kurze Zeit später aber hatte Ehrenbreitstein seine **Bedeutung verloren.** So galt die Anlage den Militärs ab 1886 nur noch als „Festung minderer Wichtigkeit". Zwar blieb sie noch bis zum Ersten Weltkrieg einsatzbereit, spielte aber kaum noch eine Rolle. Im **Zweiten Weltkrieg** dienten die Bunker-

der Festung

anlagen unter dem Ehrenbreitstein für bis zu 10.000 Menschen als **Luftschutzkeller.** Zudem lagerte man in den Kasematten Kunstwerke und Dokumente aus Museen, Staats- und Stadtarchiven von Mainz bis Kiel ein. Zur Flugabwehr wurden Flakgeschütze aufgestellt.

Während Koblenz stark zerstört wurde, hinterließ der Krieg an der Festung keine großen Schäden. Deshalb wurden auf dem Ehrenbreitstein Hunderte von **Flüchtlingen** untergebracht, auch ausgebombte Koblenzer nutzten die ehemaligen Kasematten, Wachen und Blockhäuser als Unterkunft.

Wegen des konstanten Klimas hinter den oft meterdicken Mauern lagerte das Bundesfilmarchiv lange Jahre auf dem Ehrenbreitstein einen Teil seiner Bestände. Hauptnutzer der Festung aber wurde das **Land Rheinland-Pfalz** mit dem **Landesmuseum Koblenz.** Und auch eine **Jugendherberge** (s. S. 128) fand in den alten Gemäuern Unterschlupf. Ein Glücksfall für den Ehrenbreitstein war die **Bundesgartenschau 2011.** Sie brachte nicht nur den Bau der Seilbahn mit sich, sondern auch die Neugestaltung des Festungsgeländes und die Anlage eines Landschaftsparks. 27 Hektar ist er groß – ein Paradies für alle, die etwas Ruhe und Erholung im Grünen suchen.

Fast das ganze Jahr über locken **Großveranstaltungen und Events.** Eines der schönsten heißt **Christmas Garden** (s. S. 104), eine Lichterschau in den Wochen vor dem Dreikönigsfest. Dann erstrahlen die Gemäuer, musikalisch untermalt, in magischem Glanz und Ehrenbreitstein wird zur Winterwunderwelt. Im Sommer dient die Festung als Konzertbühne für zahlreiche Künstler.

derausstellungen, die meist als Mitmachausstellungen für Kinder und Familien konzipiert sind.

Wer will, kann leicht einen ganzen Tag auf der Festung verbringen, auf ihren Mauern und Dächern entlangbummeln, durch ihre Gräben spazieren und die immer neuen Einblicke in eine der größten europäischen Militäranlagen des 19. Jahrhunderts genießen oder still vor dem **Ehrenmal des Deutschen Heeres** verweilen, das an die Gefallenen des Ersten und Zweiten Weltkriegs, aber auch an die im Dienst der Bundeswehr ums Leben gekommenen Soldaten erinnert. Ein Ort der Ruhe und Besinnung ist auch die von April bis Oktober geöffnete **Festungskirche.**

Den für viele schönsten Blick bietet der **Fahnenturm**, die höchste Stelle der Festung. Vom Turm aus führt ein Lift abwärts zu einer archäologischen Ausgrabung, in der dem Besucher in einer audiovisuellen Schau 3000 Jahre Geschichte eindrucksvoll vor Augen geführt werden. Übrigens: Auch wenn die Ausstellungshäuser schließen, die Festung mit ihren Gastronomiebetrieben steht Besuchern meist auch am Abend offen – auf alle Fälle den ganzen Sommer über. Prachtvolle Sonnenuntergänge und laue Vollmondnächte sind die Pfunde, mit denen Koblenz alle Rheinromantiker auch dann noch auf den Ehrenbreitstein lockt.

› **Landesmuseum Koblenz und Festung Ehrenbreitstein,** Tel. 0261 66754000, www.tor-zum-welterbe.de/festung-ehrenbreitstein, tgl. 10–18 Uhr, Eintritt 8 € (Kinder 4 €, Familien 9,50–16,50 €). Für alle, die mit der Seilbahn anreisen, empfiehlt sich ein Kombiticket (s. S. 26). Einstündige Führungen von April bis Okt. Sa. und So. um 11 Uhr (6 € zum Eintrittspreis). Neben den regulären Führungen gibt es zahlreiche, in der Regel am Wochenende stattfindende Erlebnisführungen. Hunde dürfen angeleint mit in die Festung, nicht aber in die Ausstellungsräume. Fotografieren ist nur außerhalb der Ausstellungsräume und für private Zwecke gestattet. Für E-Biker gibt es mehrere Aufladestationen auf dem Gelände.

- 13 [G3] **Ehrenbreitsteiner Festungsaufzug,** Vor dem Sauerwassertor, www.koveb.de/festungsaufzug, tgl. 6–1 Uhr, hin und zurück 6 €, einfach 4 €, Kombiticket mit Eintritt zur Festung 11 €

20 Wehrtechnische Studiensammlung Koblenz ★ [Faltplan]

Für Liebhaber von Militaria ist der Besuch der Wehrtechnischen Studiensammlung Koblenz – offiziell „Wehrtechnische Studiensammlung des Bundesamtes für Ausrüstung, Informationstechnik und Nutzung der Bundeswehr“ – die erste Besuchsadresse. Die Sammlung ist kein Museum im klassischen Sinn, sondern eher eine **Dokumentation vorwiegend deutscher Wehrtechnik** vom frühen 19. Jahrhundert bis heute. Mit mehr als 25.000 Gästen jährlich ist die Sammlung gut besucht.

Marder und Frettchen stehen auf den 7200 Quadratmetern Ausstellungsfläche einträchtig nebeneinander, ein wenig weiter ein Leopard. Hier freilich ist der Besucher nicht in einem Zoo, sondern in einer der größten Techniksammlungen Deutschlands. Hinter den Tiernamen verbergen sich **Kampf- und Schützenpanzer** sowie andere **Militärfahrzeuge.** Rad- und Kettenfahrzeuge präsentieren sich neben Waffen und Munition, Fernmeldeeinrichtungen, elektronischem und optischem Gerät. Besonders ins Auge fallen die Militärfahrzeuge aus dem Deutschen Reich – so wie der ab 1937 produzierte Einheits-Lkw der mit bis zu 24 Soldaten auf der Ladefläche mit maximal Tempo 70 km/h unterwegs war, oder der ab 1939 in Breslau und Plauen gefertigte schwere Zugkraftwagen.

Dass die Militärs nicht nur zu Lande, sondern auch zu Wasser und der Luft operieren, zeigen die zahlreichen **Fluggeräte und Schiffe** – etwa das mit zwei Besatzungsmitgliedern und zwei Torpedos ausgestattete Kleinst-U-Boot „Seehund“. Besonders viel Platz beanspruchen die **Hubschrauber** und **Transportmaschinen** wie die 1952 in Dienst gestellte „Noratlas“,

121ko-gs

die gewöhnlich mit fünf Besatzungsmitgliedern flog. Manches Schmuckstück fiel der Sammlung nach der deutschen Wiedervereinigung aus den Beständen der ehemaligen DDR zu, wie die einsitzigen Schwenkflügler vom Typ MiG-23, die im Kalten Krieg zwischen Ost und West eine große Rolle spielten. Aus Frankreich stammen das Jagdflugzeug „Mirage" oder der Hubschrauber vom Typ Alouette II. Interessant sind auch die vielen **Uniformen**, die anschaulich zeigen, dass man auch beim Militär bis heute mit der Mode geht.

› **Wehrtechnische Studiensammlung,** Mayener Str. 85–87, www.vffwts.de, Tel. 0261 9836921423, tgl. 9.30–16.30 Uhr, 3 €
› **Anreise:** mit Bus 5/15 ab Hauptbahnhof bis Langemarckplatz

⌃ *Der Pergolagarten mit seinem Brunnen gehört zu den Prunkstücken auf Schloss Stolzenfels*

‹ *In der Wehrtechnischen Studiensammlung sind auch echte Fluggeräte zu sehen*

21 Schloss Stolzenfels ★★★ [Faltplan]

Das vielleicht schönste Beispiel preußischer Rheinromantik liegt nur ein paar Fahrminuten südlich des Stadtzentrums. Anfang des 19. Jh. hatte der preußische Kronprinz, der spätere König Friedrich Wilhelm IV., das Schloss als Sommerresidenz bauen lassen. Das Grundstück mit den Ruinen der Burg Stolzenfels, einer mittelalterlichen Zollstation, hatte ihm die Stadt Koblenz geschenkt. Heute gilt das neugotische Schloss mit seinen Gärten und Parks als romantisches Gesamtkunstwerk. Für Besucher gibt es viel zu entdecken – im Schloss selbst, in seinen Gärten und im Landschaftspark mit seinem kleinen Wasserfall, den Teichen und Grotten.

Für den einen oder anderen kann der Anstieg zum Schloss schon schweißtreibend sein, denn **Schloss Stolzenfels**, Namensgeber des gleichnamigen Koblenzer Stadtteils, steht auf einem Felsen. Der gut 600 m lange Weg zum Schloss säumt den liebevoll hergerichteten **Landschaftspark**, der als eines der Hauptwerke des Landschaftsarchitekten **Peter Joseph Lenné** (s. S. 24) gilt, ein Gesamtkunstwerk mit künstlichen Felswänden, Fischteichen, Grotten, einer ovalen Reitbahn, Wald und Wiesen.

Auch in die Sanierung des Schlosses hat man bislang viele Millionen Euro gesteckt. Fast majestätisch thront es über dem Rhein – unübersehbar mit seinen ganz hellen, ockergelben Mauern und Türmchen.

Seine **Geschichte** reicht bis in die Mitte des 13. Jahrhunderts zurück, als der Trierer Erzbischof Arnold II. von Isenburg eine Burg am Rhein errichten ließ. Im 14. Jahrhundert wurde sie erweitert und zur Zollstation ausgebaut. Ende des 17. Jahrhunderts zerstörten sie die Franzosen im Pfälzischen Erbfolgekrieg. Die Ruinen auf dem Felsen schenkte die Stadt Koblenz dem preußischen König, der um den Bergfried schließlich seine Sommerresidenz errichten ließ.

Für die Bauarbeiten konnte der Regent einen der wichtigsten Architekten der damaligen Zeit, den preußischen Baumeister **Karl Friedrich Schinkel**, gewinnen. Mit dem Bau des Berliner Schauspielhauses am Gendarmenmarkt, der Neugestaltung des Glienicker Schlosses und dem Bau der Potsdamer Nikolaikirche hatte der sich einen Namen gemacht und für das Projekt am Rhein empfohlen. „Die Überreste so viel als möglich zu schonen", hatte der Monarch seinem Baumeister vorgegeben, der aus den Ruinen der mittelalterlichen Burg so ein klassizistisches Schloss formte.

Mit einer großen Feier am 14. September 1842 nahm Preußens König seine neue Sommerresidenz in Beschlag. In Mittelalter-Kostümen zog die Festgesellschaft vom Rhein hinauf zum Schloss, das von Anfang an öffentlich zugänglich war – sofern der Hausherr und seine Gemahlin, die Wittelsbacherin Elisabeth von Bayern, nicht gerade auf Stolzenfels logierten. Heute schlürfen die Besucher in Filzpantoffeln durch die königlichen Gemächer. Vorbei an altem Mobiliar, das den Geist einer Zeit verströmt, die für das Mittelalter schwärmte. Das belegen vor allem die **Wandmalereien** im kleinen Rittersaal, wo sich unter anderem Kreuzfahrer neben Minnesängern zeigen, und die Sammlung alter **Waffen und Trinkgefäße** im großen Rittersaal.

Zu entdecken jedenfalls gibt es auf den **Schlossführungen** genug – auch Außergewöhnliches wie ein Klavier, auf dem einst Franz Liszt für die Gäste des Königs aufspielte.

Beeindruckend ist der Blick auf den Rhein und in die Innenhöfe des Schlosses. Prunkstück ist der sogenannte **Pergolagarten** unterhalb des königlichen Schlafzimmers, eine Anlage mit Springbrunnen, Blumen und Pflanzen. So wird der Ausflug ins Weltkulturerbe Schloss Stolzenfels zur romantischen Reise, die klar macht, dass der Koblenzer Königsbau zu den Wiegen des Fremdenverkehrs am Rhein gehört.

› **Schloss Stolzenfels,** Tel. 0261 51656, https://tor-zum-welterbe.de/stolzenfels, Öffnungszeiten: Nov. und Febr.–Mitte März Sa., So. 10–16, Mitte März–Okt. Do.–So. 10–16 Uhr, 5 € (7–18 Jahre 3 €). In den Innenräumen des Schlosses darf nicht gefilmt oder fotografiert werden. Hunde dürfen nicht ins Schloss.

› **Anreise:** Mit Bus 670 ab Hauptbahnhof bis Schloss Stolzenfels, für Autofahrer (Navi-Adresse „Rhenser Straße 15") gibt es am Eingang zum Schlossweg ein Parkhaus. Der Fußweg zum Schloss führt in ca. 20 Minuten den Berg hinauf. Im Sommer fährt gewöhnlich ein Schiff von Koblenz nach Stolzenfels.

032ko-gs

Entdeckungen im Umland

22 Kaltwasser-Geysir Andernach ★★★ [Faltplan]

Immer eine Stippvisite wert ist Andernach mit seinem Kaltwasser-Geysir, dem weltweit größten seiner Art. Etwa alle zwei Stunden speit er eine bis zu 60 Meter hohe Wasserfontäne aus, die mit ungeheurem Druck aus dem Boden schießt. Acht bis zehn Minuten, manchmal auch etwas länger, spritzt dann ein Gemisch aus Wasser und Gasen in die Höhe. Warum, erklärt sich im Besucherzentrum, von dem von Ende März bis Oktober ein Schiff den Besucher in rund 20-minütiger Fahrt ins Naturschutzgebiet zum Geysir bringt.

Im **interaktiven Besucherzentrum** am Andernacher Rheinufer ist unter anderem zu erfahren, wie es viele Hundert Meter unter der Erde aussieht, wo sich Tag für Tag **Grundwasser mit Kohlenstoffdioxid** aus einem Magma-Reservoir der Osteifel **mischt** und durch die Erde einen Weg nach oben sucht. Das funktioniert ganz ähnlich wie bei einer Mineralwasserflasche, wo der Druck nach ihrer Öffnung ebenfalls schlagartig nachlässt und das Gas in Form kleiner Bläschen nach oben schießt.

KURZ & KNAPP

Die essbare Stadt

Andernach nennt sich stolz **Essbare Stadt.** Zwei Prozent der städtischen Grünflächen sind mit Mangold, Tomaten, Bohnen, Salat, Kartoffeln, Kohl, Beeren und Kräutern bepflanzt, deren Ertrag den Einwohnern zukommt. Sie können die Beete und Sträucher kostenlos abernten.

Mit Kohlenstoffdioxid angereichertes Grundwasser schießt täglich bei Andernach aus dem Boden

Dabei wird Wasser mitgerissen, das schließlich wie eine Fontäne aus der Flasche spritzt.

Mit diesem theoretischen Wissen geht es dann auf ein **Schiff**, das mehrmals täglich Besucher auf die Rhein-Halbinsel **Namedyer Werth** bringt, wo sich besonders viel Kohlenstoffdioxid unter der Erde findet. 1903 bohrte man dort einen Brunnen, den die Zeitungen damals als „Riesen-Geiser, den höchsten Kohlensäure-Sprudel der Welt" etikettierten. Lange verkaufte man das Wasser aus dem Brunnen in Flaschen, ehe er 1953 versiegte und die Anlage verwahrloste. 1985 wurde das Gelände unter Naturschutz gestellt. Als die Stadt Andernach 1990 neuer Eigentümer der Halbinsel wurde, bohrte man den Geysir erneut an, was die Umweltschützer erboste, die eine touristische Nutzung des Geländes zu verhindern suchten. Schließlich einigte man sich außergerichtlich, den Geysir unter strengen **Umweltschutzauflagen** wieder sprudeln zu lassen.

Inzwischen kommen jährlich gut 100.000 Besucher, um das Naturspektakel zu erleben und dabei zu

Römischer Grenzwall als Weltkulturerbe

Im rechtsrheinischen Rheinbrohl, eine gute halbe Autostunde nördlich von Koblenz, war einst der Anfang des obergermanisch-rätischen **Limes.** „Caput limitis" nannten die Römer die Stelle im Ortsteil Arienheller, die heute das **Museum RömerWelt** 23 markiert. Mehr als 500 km zog sich der künstlich gezogene **Grenzwall** hier vom Rhein an die Donau. Das nach der Chinesischen Mauer längste Bodendenkmal der Welt zählt seit einigen Jahren zum Weltkulturerbe. Dazu gehören nach wissenschaftlicher Definition „Legionslager, Kastelle, Türme, die Limesstraße, künstliche Barrieren und unmittelbar angeschlossene zivile Einrichtungen."

Eine Kette von mehr als hundert Militärlagern und fast tausend Wachtürmen zog sich einst durch Wälder und Wiesen rechts des Rheins und markierte so die Grenze zwischen dem Staat der Römer und den meist von Germanen kontrollierten Landschaften im Osten. Mit dem Limes schottete sich der reiche Westen so vom armen Osten ab, denn der Grenzzaun sollte vor allem Schmugglern und Dieben das Leben erschweren und unerwünschte Eindringlinge fernhalten.

Kaiser Domitian soll den Plan einer zusammenhängenden Grenzbefestigung ersonnen haben. Noch während des Kriegs gegen die germanischen Chatten Ende des ersten Jahrhunderts n. Chr. legten die Römer deshalb Patrouillenwege an. Es waren die Anfänge des Limes. Ursprünglich bedeutete „limes" Pfad oder Steig. Das konnte ein Feldweg, aber auch eine Straße zur Verbindung von Militärstützpunkten sein. Erst mit der wachsenden Zahl von Lagern und Wachposten und nachdem einzelne Grenzabschnitte zusätzlich mit Gräben, Wällen oder Mauern gesichert wurden, wandelte sich die Bedeutung des Wortes „limes" in Grenzwall.

Blickfang des Grenzwalls waren die etwa 900 **Wachtürme.** Sie wurden meist in Sichtweite zueinander aufgestellt, gewöhnlich im Abstand von rund 800 Metern. Anfangs waren sie aus Holz, später aus Stein gebaut. Im Untergeschoss wurden gewöhnlich Nahrungsmittel gelagert. In den Räumen darüber wohnten und schliefen die Solda-

sein, wenn die Fontäne alle 100 bis 120 Minuten aus dem Boden schießt. Nachts wird der Brunnen mit einem Schieber verschlossen, sodass er bei seinem ersten Ausbruch gegen 12 Uhr mit einem besonders lauten Knall ausbricht. Wenig später ist der Brunnen durch die Eruption geleert, das mit Kohlendioxid angereicherte Grundwasser sammelt sich im Untergrund erneut, um rund zwei Stunden später wieder wie gewohnt nach oben zu schießen. Von seiner schönsten Seite zeigt sich der Geysir an windstillen Tagen, wenn kein Lüftchen die Wassersäule verwehen kann. Wer will, kann das Wasser probieren, das ein Guide nach jeder Tour gewöhnlich aus dem Brunnen schöpft.

Nach rund 45 Minuten bringt das Schiff seine Passagiere zurück in den Ort **Andernach**, dessen Wahrzeichen auch von Bord aus gut zu sehen sind – etwa der **Alte Krahnen**, ein Turmdrehkran aus dem 16. Jahrhundert, dessen Mechanik noch heute funktioniert. Nicht zu übersehen sind auch der **Runde Turm**, ein 56 Meter hoher, mittelalterlicher Wehrturm mit bis zu 5 Meter dicken Mauern,

ten. Ganz oben war der Wachraum, von dem man über eine Brüstung weit ins Land blicken konnte. Wenn immer die Wachen eine Grenzverletzung registrierten, gaben sie mittels Rauchzeichen oder Hornsignalen Alarm, sodass ihnen Soldaten von den benachbarten Wachtürmen zu Hilfe eilen konnten. Manchmal umgaben die Kastelle **kleine Siedlungen**, in der die Familien der Soldaten lebten – allein zwischen Rheinbrohl und Bad Ems waren dies mehr als eine Handvoll. In diesen Minidörfchen wurden gewöhnlich auch die in ihrem Umfeld erzeugten Produkte wie Getreide, Obst, Gemüse und Fleisch gehandelt, aber auch importierte Waren wie Öl, Wein und Fischsoßen.

Auch wenn der Grenzwall im Lauf der Jahre immer besser und dichter wurde, drangen immer wieder plündernde Horden ins römische Reich ein. Anfangs schlug man die zurück und motivierte die Grenzschützer mit Sonderzahlungen zum Kampf. Spätestens im dritten Jahrhundert aber zwang Geldmangel die römische Regierung zum Umdenken. Immer häufiger wurden die Limes-Truppen zur Regelung innenpolitischer Konflikte abgezogen, bis man den Limes schließlich ganz aufgab und sich hinter die Rheingrenze zurückzog.

Heute bieten eine Reihe von **Museen** in der Großregion um Koblenz Einblick in die damalige Zeit. Zum Teil wissenschaftlich umstrittene **Nachbauten** römischer Wachtürme wie in Rheinbrohl, Oberbieber, Hillscheid, Arzbach oder auf dem Wintersberg bei Bad Ems vermitteln einen Eindruck, wie der Limes einmal ausgesehen haben könnte. Im Taunus-Dörfchen Brohl hat man sogar ein ganzes Kastell für die Nachwelt rekonstruiert.

Wer will, kann heute entlang des Grenzwalls wandern oder auf dem Limes-Radweg an den Zeugen der Römerzeit entlangstrampeln. Führungen, die Ausgrabungen und Rekonstruktionen antiker Teile dem interessierten Besucher näherbringen, sind ebenfalls zahlreich vorhanden.

› www.limeskastell-pohl.de
› www.limesstrasse.de
› www.deutsche-limeskommission.de

und der **Mariendom**, eine viertürmige Basilika.

- **Geysir Andernach Erlebniszentrum,** Konrad-Adenauer-Allee 40, Andernach, Tel. 02632 9580080, www.geysir-andernach.de, Ende März–31. Okt. tgl. 9–17 Uhr, 20 € (erm. 16 €, besondere Konditionen für Familien). Die Abfahrtszeiten des Schiffes sind: 11.15, 13.05, 15 und 17 Uhr. Um genügend Zeit für die Ausstellung zu haben, sollte man 60 bis 90 Minuten vor Abfahrt des Schiffs im Besucherzentrum sein. Hunde haben keinen Zutritt.
- **Anreise:** mit Zug und Bus in 30–45 Minuten nach Andernach-Mitte, mit dem Auto ab Koblenz ca. 20 Minuten

23 RömerWelt Rheinbrohl ★ [Faltplan]

Römische Geschichte erleben – das kann man in einem **interaktiven Museum** im Rheinbrohler Stadtteil Arienheller. Es gibt Einblick in die Zeit, als Römer an Rhein und Mosel das Sagen hatten. Die **„RömerWelt am caput limitis"**, also am „Haupt des Limes", markiert den Ort, an dem früher ein römisches Kastell stand. Hier nahm der **Limes** seinen Anfang, der heute unter dem Schutz des Weltkulturerbes stehende Römerwall.

So grüßen den Besucher gleich zu Beginn des Museumsrundgangs die Büsten der Limes-Kaiser Trajan, Hadrian und Antoninus Pius. Bilder, Grafiken und römische Funde informieren über das Leben in den ersten Jahrhunderten nach Christi Geburt. Vor allem aber ist die RömerWelt ein **Museum zum Anfassen und Mitmachen.** So kann der Besucher an Töpfen riechen, die mit Ölen und Gewürzen gefüllt sind, die auch schon die Römer verwandt haben sollen, oder in Kettenhemden und Kleider schlüpfen, wie sie damals Soldaten und deren Frauen trugen. Der Nachbau einer römischen Wachstube gewährt Einblick ins Soldatenleben. Nebenan laden große Tische zu römischen Brettspielen ein – die passenden Spielregeln liegen neben den Spielsteinen.

Im **Außenbereich** wird anhand einer Pfahlramme anschaulich gemacht, wie die alten Römer einst Brücken über Rhein und Mosel schlugen. Die damaligen Essgewohnheiten dokumentieren ein Kräutergarten mit zahlreichen Gewürzpflanzen, ein Miniatur-Weinberg mit der Rebsorte Elbling, die wahrscheinlich schon zur Römerzeit angebaut wurde, und ein großer Ofen, in dem noch heute hin und wieder große Brote gebacken werden. Mühlsteine aus der Eifel dienen zum Mahlen des Getreides. Man kann hier viel lernen, weshalb das Museum gerade auch für Kinder ein Glücksfall ist.

Im **Museumslädchen** gibt es unter anderem Kopien römischer Schilde zu kaufen, Schreibgriffel samt Wachstafeln und römische Reliefs zum farbigen Ausmalen. Kulinarisch Neugierige können auch eine Flasche „Mulsum" mitnehmen, einen Aperitif aus Wein oder Traubensaft, der mit Honig und Gewürzen gemischt manches Festessen im alten Rom begleitet haben soll.

- **RömerWelt am Caput Limitis,** Arienheller 1, 56598 Rheinbrohl, Tel. 02635 921866, www.roemer-welt.de, Mitte März–Anf. Nov. Di.–So. 10–17 Uhr, 6 € (Kinder 4 €, bis 6 J. frei)
- **Anreise:** Mit Bahn und Bus ab Koblenz. Von den Bahnhöfen Bad Hönningen und Rheinbrohl gibt es jeweils ausgeschilderte Fußwege. Mit dem Auto ist man ab Koblenz ungefähr 35 Minuten unterwegs.

072ko-gs

24 Kloster Maria Laach mit Laacher See ★★★ [Faltplan]

Für viele ist sie die schönste romanische Klosterkirche Deutschlands und dazu noch in einer wunderbaren Landschaft an einem See gelegen. Hunderttausende machen deshalb jährlich in Maria Laach Station: einem Benediktiner-Kloster, zu dem unter anderem ein Gästehaus, eine Buchhandlung, ein Hotel, eine Gärtnerei und handwerkliche sowie landwirtschaftliche Betriebe gehören. Weil die mittelalterliche Abtei kaum umgebaut wurde – Veränderungen in der Gotik und im Barock machte man während der Renovierungen im 20. Jahrhundert weitgehend wieder rückgängig – zeigt sich die Abteikirche mit ihren sechs Türmen heute als romanisches Juwel von Weltrang.

Die an der Südwestseite des Laacher Sees gelegene **Basilika** hat eine lange Geschichte. Als „Abbatia ad Lacum" („Abtei am See") wurde sie zwischen 1093 und 1216 als Stiftung Heinrichs II. von Laach und seiner Frau Adelheid von Weimar-Orlamünde erbaut. Die am Ostufer des Sees wohnenden Adligen wollten damit ihrem Seelenheil Gutes tun. Auch als Grabstätte hatten sie sich die Klosterkirche ausgesucht. Zu den ältesten Teilen der Abtei gehört die 1112 vollendete Hallenkrypta unter dem Ostchor, heute ein Raum der Stille und des Gebets.

In der Gotik wurde das Kloster mehrfach umgebaut. Auch der Barock hinterließ seine baugeschichtlichen Spuren. Im Zug der **Säkularisation** schließlich wurde das Kloster aufgehoben, der größte Teil seiner Einrichtungen verkauft, darunter viele Altäre. Ganze 17 Mönche weilten damals noch in Maria Laach. Pläne der französischen Verwaltung, aus dem Kloster ein Gefängnis zu ma-

Im Schatten der romanischen Klosterkirche lockt die Klostergärtnerei nicht nur Pflanzenfreunde

KURZ & KNAPP

Klostergeschichte in Zahlen

1093: Baustart unter Pfalzgraf Heinrich II.
1138: Maria Laach wird selbstständige Abtei mit 40 Mönchen.
1220: Bau der „Paradies" genannten Säulenvorhalle
1802: Aufhebung der Abtei im Rahmen der Säkularisation
1820: Privatisierung des Klosters, das zum Gutshof wird
1855: Ein Großfeuer zerstört wichtige Bauten der Abtei.
1863: Jesuiten übernehmen das Kloster.
1892: Schließung des Jesuiten-Kollegiums und Wiederbesiedlung durch die Benediktiner
1898: Kaiser Wilhelm II. stiftet einen neuen Hochaltar.
1926: Papst Pius XI. verleiht der Kirche den Ehrentitel „Basilica Minor".
1937: Umfangreiche Renovierung, bei der gotische und barocke Teile entfernt wurden
2015: Fertigstellung der neuen Klosterbibliothek mit 280.000 Büchern

chen, scheiterten. Ebenso alle Versuche, die nach dem Wiener Kongress in preußischen Besitz übergegangene Klosterkirche zu privatisieren. 1863 übernahmen die **Jesuiten** den Klosterbetrieb. Seitdem heißt die Anlage ganz offiziell „Maria Laach" und nicht mehr wie seit dem Mittelalter üblich (Kloster) „Laach". Damit trug man dem Marien-Patrozinium der Kirche Rechnung.

Im November 1892 zogen wieder **Benediktiner** aus der Abtei Beuron in Maria Laach ein. Allerdings mussten sie sich gegenüber der preußischen Regierung verpflichten, die Kirche – die ihnen allerdings erst 1924 formal übereignet wurde – auch für protestantische Gottesdienste zu öffnen. In **nationalsozialistischer Zeit** wohnte der von den braunen Machthabern seines Amts enthobene Kölner Oberbürgermeister und spätere Bundeskanzler **Konrad Adenauer** eine Zeit lang als „Bruder Konrad" im Kloster, dem einer seiner Schulfreunde damals als Abt vorstand. Bis zu 182 Mönche waren in jenen Jahren in Maria Laach zu Hause, die sich vor allem liturgischer Forschung widmeten.

Die Abteikirche wurde in den letzten hundert Jahren mehrmals renoviert. Dabei wurden nach und nach alle gotischen und barocken Elemente entfernt und so das ursprüngliche Erscheinungsbild wieder hergestellt. Seitdem zeigt sich Maria Laach als **romanisches Juwel.** Zwei Türme, flankiert von jeweils zwei kleineren Türmen, krönen die **dreischiffige Pfeilerbasilika** aus Eifel-Tuffstein. Über dem Hochaltar im Ostchor findet sich ein auf Säulen gestützter Baldachin aus dem 13. Jahrhundert, der sich einst über das Grab des Stifters der Abtei, **Pfalzgraf Heinrich II. von Laach,** spannte. Sein steinerner Sarkophag, ein um 1280 entstandenes gotisches Meisterwerk, ruht heute unter der Empore im Westchor. Auf seinem Holzdeckel ist der überlebensgroße Körper Heinrichs zu sehen, der in seiner rechten Hand das Modell der Abteikirche hält.

Schaustück des Klosters aber ist das **„Paradies"**, die **Säulenvorhalle** mit dem 1929 entstandenen **Löwenbrunnen** vor der Westfront der Klosterkirche. Kaum sattsehen kann man sich an den **Kapitellen**, die in der Nachmittagssonne glänzen. So wie das Teufelchen am Kirchenportal, das die „peccata populi", die Sünden des Volkes, notiert und den Besucher damit an das Fegefeuer erinnert, die Reinigung der Seele. Das **Christus-Mosaik** im Ostchor wurde von Kaiser Wilhelm II. gestiftet, von einem Benediktiner nach sizilianischen Vorbildern gestaltet und 1911 vollendet. Aus der Zeit um 1500 stammen die **Wandfresken** des heiligen Christophorus und des heiligen Nikolaus, dem neben der Muttergottes zweiten Patron der Klosterkirche.

Heute leben in Maria Laach rund 35 Mönche nach den Regeln des heiligen Benedikt. Zu ihrem Unterhalt tragen unter anderem **klostereigene Wirtschaftsbetriebe** wie das Seehotel und der Bootsverleih bei, dazu Einnahmen aus der **Verpachtung** eines Fischereibetriebs und eines großen landwirtschaftlichen Anwesens, das als Biobauernhof mit **Hofladen** (geöffnet: Mo.–Sa. 9–18, So. 10–18 Uhr) betrieben wird. Mehr als 20 Apfel- und 10 Birnensorten sind im Angebot, dazu Pflaumen, Kirschen, Mirabellen, Trauben und Johannisbeeren, die aus dem riesigen Obstgarten des Klosters stammen. Außerdem fertigen die Klosterbetriebe Fleisch und Wurst, Weine, Sekt und Konfitüre. Auch eine mit religiöser Literatur gut bestückte Buch- und Kunsthandlung, ein Kunstverlag, eine Bildhauerwerkstatt, eine Keramikmanufaktur, eine Kunstschmiede und verschiedene andere Handwerksbetriebe gehören zum „Imperium" der Benediktiner. „Die Arbeit, die als Notwendigkeit betrachtet wird, trägt zur Echtheit eines Lebens der beständigen Gottsuche bei und sichert den Unterhalt des Klosters, außerdem ermöglicht sie tätige Nächstenliebe", heißt es in Maria Laach. Zahllose Besucher hat Tag für Tag auch die **Klostergärtnerei**, wo ein gutes Dutzend Mitarbeiter von der kleinsten Kaktee bis zum großen Baum fast alles anbieten, was in deutschen Gärten auf Dauer Wurzeln schlägt. Im Ernstfall hilft einer der „Pflanzendoktoren" mit Rat und Tat. Besonders groß ist die Auswahl an Geranien.

Tägliche Fixpunkte mönchischen Lebens sind die **Gebete**, an denen auch Besucher teilhaben können – so an der Morgenhore um 5.30 Uhr, der Tageshore um 11.45 Uhr, der Vesper um 17.30 Uhr und der Komplet um 19.45 Uhr. Auch der werktägliche **Gottesdienst** um 7.30 Uhr ist öffentlich, ebenso wie die Sonn- und Feiertagsgottesdienste um 7.15 und 11 Uhr. Wer möchte, kann montags bis samstags in der Benediktskapelle zur Beichte gehen (14.30–17.15 Uhr).

Wer Stille und Abgeschiedenheit, aber auch Besinnung und Einkehr sucht, ist im **Gastflügel St. Gilbert** gut aufgehoben, dem Gästehaus des Klosters (Tel. 02652 59313, Zimmer ab 94 €). Die 34 Zimmer des Gebäudes, alle mit eigener Nasszelle, gehören zu einem Klostertrakt, der auch Heimstatt für Exerzitien und Besinnungswochenenden ist. Luxuriöser geht es im **Seehotel** (www.seehotel-maria-laach.de) zu, einem Viersternehaus, dessen 60 Zimmer Wirtschaftsmanager und Politiker gern zu Klausurtagungen nutzen. Im **Restaurant** wird regionale und saisonale Frischeküche zubereitet. In Erinnerung bleibt auch die große Auswahl täglich frisch gebackener Kuchen und Torten der hauseigenen Konditorei. Daneben gibt es auch noch eine preiswertere **Klostergaststätte**, die Suppen, Salate, Flammkuchen u. a. kredenzt.

Rings um das Kloster laden Felder, Wälder und Wiesen zum **Wandern** ein. Besonders schön ist der gut acht Kilometer lange **Rundweg**

um den Laacher See – ein lohnender, rund zweistündiger Spaziergang um das von Grundwasser und Regen gespeiste größte Binnengewässer in Rheinland-Pfalz. Genau betrachtet ist es eine Art Kratersee, der vor rund 13.000 Jahren nach einem Vulkanausbruch entstand. Mit einer Sprengkraft von rund 500 Hiroshima-Bomben entfalteten sich damals die Naturgewalten und der Ascheregen schlug sich von Skandinavien bis Norditalien nieder. So entstand eine einmalige Landschaft, die durch das zweimalige Absenken des Grundwasserspiegels immer wieder verändert wurde und heute **unter Naturschutz** steht. Schwimmen und Segeln auf dem über 50 Meter tiefen See sind aber erlaubt und von April bis September stehen **Ruder- und Tretboote** zur Ausleihe bereit (tgl. 10–18 Uhr, Tel. 02652 59353).

› **Benediktinerabtei Maria Laach**, Tel. 02652 590, www.maria-laach.de, tgl. 5–20 Uhr, Eintritt frei. Öffentliche Klosterführungen Di.–Sa. 15 Uhr ab dem Klosterforum (Dauer 60 Minuten, 10 €). Bibliotheksführungen mit einem Mönch finden So. um 14 und 15 Uhr statt. Im Klosterforum informiert ein Kurzfilm über die Klostergeschichte. Am Parkplatz vor dem Kloster unterhält der Tourismusverband ein **Besucherbüro**:

ⓘ **14 Touristinformation Maria Laach**, www.vulkanregion-laacher-see.de, Tel. 02636 19433, Mitte März–Okt. tgl. 10–13.30, 14–17, Nov. tgl. 10–13.30, 14–16, Dez. Sa., So. 10–13.30, 14–16 Uhr

› **Anreise:** mit der Bahn nach Andernach, wo man in den Linienbus 395 Richtung Niedermendig umsteigt. Fahrzeit im Idealfall eine gute Stunde. Mit dem Pkw ist man ab Koblenz über die A61 (Abfahrt Mendig/Maria Laach) in rund 25 Minuten am Kloster mit seinem gebührenpflichtigen Großparkplatz.

25 Zoo Neuwied ★ [Faltplan]

Affen, Sibirische Tiger, Geparde, Krokodile, Pinguine, Flamingos, Strauße, Trampeltiere oder Erdmännchen: **Rund 180 Tierarten** sind im Zoo Neuwied zu Hause, darunter die größte Herde grauer Riesenkängurus außerhalb Australiens. Außerdem finden sich auf dem 13,5 ha großen Gelände im Stadtteil Heimbach-Weis auch Berberlöwen, die in freier Wildbahn weitgehend ausgestorben sind.

Als „Tierpark Hubertushof" öffnete der Zoo 1970 seine Pforten. Damals dominierte Australiens Tierwelt. Beutelteufel, Dingos, Wombats und Kängurus bestimmten das Bild. Mit afrikanischen Straußen und Rötelpelikanen feierte man erste große Zuchterfolge. Inzwischen kümmert sich ein **Förderverein** um das Wohl der Tiere, der die Anlage modernisieren ließ. Es entstanden neue Terrarien für Reptilien und Volieren für die vielen Vogelarten. Die Raubtiere erhielten ein größeres Quartier, die Seehunde eine neue Heimat. In ei-

Tierfütterung live

In Neuwieds Zoo werden die **Pinguine** tgl. um 10.15 und 15.15 Uhr (außer donnerstagvormittags) gefüttert. Jeweils um 14 Uhr sind montags die **Erdmännchen**, dienstags die **Totenkopfäffchen**, mittwochs die **Katzenbären**, freitags die **Marabus** und samstags die **Tapire** dran. Besonders spektakulär ist die Fütterung der **Geparde** mittels eines Beutesimulators. Sie findet sonn- und feiertags um 14 Uhr statt.

Im **Streichelzoo** dürfen die Zoobesucher selbst füttern – Ziegen und Schafe lassen sich gern mit speziellem Futter verwöhnen.

nem Unterwassertunnel kann man ihnen beim Schwimmen zusehen.

Gut 200 Kilo Heu, 50 Kilo Fisch, 100 Kilo Fleisch, 250 Kilo Obst und Gemüse und rund 50 Kilo Vogelfutter werden von den rund 1800 Tieren im Zoo Tag für Tag verbraucht. Manche **Fütterung** ist öffentlich. Besonders spannend ist es, sonntags die Geparde zu beobachten, wie sie mit 50 km/h hinter ihrer Beute herjagen. Möglich macht das eine Anlage, die wie ein Skilift das Fleisch an einem Seil durchs Gehege zieht. Eine Fütterungsmethode, die offensichtlich auch das Familienleben der afrikanischen Raubkatzen beseelt, werden doch Jahr für Jahr hier mehr Gepard-Welpen groß gezogen als in anderen Zoos der Welt. Auch bei der **Zucht** von Berberlöwen haben die Neuwieder ein glückliches Händchen. Zudem schaffte man es hier erstmals, dass die Strauße ihre Eier selbst ausbrüteten, statt – wie sonst in zoologischen Gärten üblich – der Brutkasten. Sehenswert ist schon allein die Website des Zoos, die ausführlich über alle vertretenen Tierarten informiert. Ein paar abwechslungsreiche Stunden sind im Zoo Neuwied immer garantiert – vor allem für Kinder, die auch ein kleiner Streichelzoo lockt.

› **Zoo Neuwied,** Waldstr. 160, 56566 Neuwied, Tel. 02622 90460, www.zooneuwied.de, tgl. 9–18 (Sommerzeit) bzw. 9–17 Uhr (Winterzeit), 16 € (Kinder bis 15 Jahre 9 €). Die Tierhäuser öffnen um 10 Uhr und schließen 30 Minuten vor Schließung des Zoos. Es gibt spezielle Abendführungen. Hunde müssen leider draußen bleiben!

› **Anreise:** mit Zug und Bus über Engers oder Neuwied nach Weis Marktplatz, dann knapp 2 km Fußweg zum Zoo, insgesamt ca. 60–90 Minuten; mit dem Auto ca. 25 Minuten ab Koblenz

MEIN TIPP

Extraball: Flippermuseum Neuwied

Rund 150 Automaten sind im Flippermuseum versammelt, alte und neue Modelle, und fast alle sind noch in Schuss.

Mitten in Neuwied haben Privatleute den Spielautomaten ein Denkmal gesetzt. Und das Schöne ist: An den meisten darf man auch noch spielen – mindestens drei Freispiele sind im Eintrittspreis enthalten. Gleich neben dem Eingang stehen die ältesten Exemplare der Sammlung: Holzflipper aus den 1930er-Jahren. Sie funktionieren mechanisch, ganz ohne Strom. Aber erst rund zwanzig Jahre später begann die goldene Flipper-Ära, der die Rockband „The Who" mit ihrer Rockoper „Tommy" 1969 ein musikalisches Denkmal setzte. „Pinball Wizard" wurde zu ihrer Hymne.

Zeitweise rollten bis zu 13 Kugeln gleichzeitig auf dem Spielfeld, wie etwa beim Flipper namens Apollo 13. Doch mit dem Aufkommen der ersten Videospiele war das Ende der Flipper-Ära eingeläutet. So sind die Spielautomaten im Deutschen Flippermuseum Neuwied heute Zeugen der Vergangenheit, in die jeder Besucher noch einmal eintauchen kann. Wer an einem Tag nicht genug bekommt, kann im benachbarten **Flipperhotel** (s. S. 129) ein Zimmer nehmen.

Die passenden D-Mark-Stücke zum Spielen gibt es übrigens an der Kasse. Sie sind heute fast schwerer zu finden als alte Flipper!

M 15 **Extraball. Deutsches Flippermuseum Neuwied,** Hermannstraße 9, 56564 Neuwied, Tel. 02631 358183, https://flippermuseum.eu, Sa., So. 14–18 Uhr, 6 € (Familien 12 €), Eintritt inklusive mehrerer Freispiele

101ko-gs

26 Sayn mit Sayner Hütte und Schmetterlingsgarten ★★★ [Faltplan]

Sayn – oder nicht Sayn? Für Koblenz-Reisende mit Zeit ist das keine Frage, denn in Stadtbusnähe liegt das alte Sayn – heute Stadtteil von Bendorf. Auf engstem Raum vereint es eine Reihe unterschiedlichster kultureller Zeugen: von der romanischen Abtei bis zum Industriedenkmal Sayner Hütte, von der mittelalterlichen Burg bis zum neogotischen Schloss der Fürsten zu Sayn-Wittgenstein-Sayn. Im Fürstlichen Schlossgarten findet sich einer der Besuchermagnete des Städtchens: der Garten der Schmetterlinge Schloss Sayn. In zwei Pavillons sind von Mitte März bis Ende November Hunderte von Faltern aus Südamerika, Afrika und Asien zu sehen.

Die Sayner Hütte mit Blick auf den Hochofen

In der Regel beginnt ein Besuch des Städtchens an der alten **Sayner Hütte**, wo auch die Touristeninformation residiert.

Das Areal um den ehemaligen Hochofen ist heute ein **Industriedenkmal von Weltrang.** Die alte **Gießhalle** gilt als die älteste noch erhaltene Werkshalle mit tragender Gusseisenkonstruktion. Ein robustes und doch filigranes Kunstwerk, dessen Architektur von Kirchenbauten beeinflusst ist, denn mit ihrem von eisernen Rippen durchzogenen Mittelschiff und den Spitzbögen in den Seitenschiffen gleicht sie eher einer gotischen Kathedrale als einer Industrieanlage.

Triers letzter Kurfürst hatte die Sayner Hütte um 1770 in Betrieb genommen. Mit Hilfe des Wassers aus der Sayn, einem kleinen Flüsschen mit starkem Gefälle, wurden dort Erze aus dem Westerwald zu Roheisen verarbeitet. Nach der französischen Revolution, in deren Folge die kurtrierische Hütte in staatlichen Besitz überging, gab Preußen in Sayn den Ton an. Langsam wurde aus der Hütte ein Rüstungsbetrieb, dessen Hochöfen und Hammerwerke die Ausrüstung für die Festungen am Rhein lieferten: Schienen, Kanonen und Munition.

Im Lauf der Jahre wurde die Anlage immer größer. Vom Steilhang hinter der Halle konnten die Erze direkt in den kreisrunden Hochofen geschüttet werden, in einen feurigen Moloch, dessen Durchmesser auch heute noch beeindruckt. Die Sayner Hütte war lange Zeit eines der **größten Ei-**

senwerke in Preußen, Produzent von Toren und Gittern, aber auch filigraner Kunst. 1865 wurde die Sayner Hütte an die **Firma Krupp** aus Essen verkauft, welche die Produktion weiter ausdehnte. Letztlich aber erwies sich der Standort am Rand des Westerwalds als nicht mehr wettbewerbsfähig, die Fertigungstechnik als veraltet. 1878 legte Krupp den großen Hochofen deshalb still. 1926 gab man den Betrieb in Sayn schließlich ganz auf.

Heute gehört das Areal der Stadt Bendorf, die es mit Hilfe einer Stiftung zu einem prachtvollen Zeugen deutscher Industriearchitektur gemacht hat, zu dem auch das **Comptoirgebäude** aus kurtrierischen Zeiten, die **Krupp'sche Halle,** ein sehenswerter Klinkerbau, und eine **Brücke** über die Sayn gehören. Kernstück aber ist die alte **Werkshalle.** Licht- und Tonprojektionen begleiten den Besucher auf seinem Rundgang durch die eiserne Kathedrale. Mithilfe von *augmented reality* lebt die Zeit um 1830 noch einmal auf. Der Besuch der Sayner Hütte wird so zum Ausflug in jene Ära, in der die Industrie den Grundstein für Deutschlands Aufstieg zur wirtschaftlichen Weltmacht legte.

Manches einst hier gefertigte Eisenstück ist ins **Rheinische Eisenkunstgussmuseum** in der Sayner Hütte zurückgekehrt. Leuchter, Teller oder Schmuck zeugen in der Ausstellung vom Können der Hüttenarbeiter.

Bis heute zehrt Sayn vom Glanz und Engagement der **Fürstenfamilie Sayn-Wittgenstein-Sayn,** die im neugotischen **Schloss** unterhalb der alten Burg residiert. Die Burg wurde im 12. Jahrhundert von den Grafen von

Ein schönes Stück Neogotik: das renovierte Schloss Sayn

Sayn errichtet – zum Unmut des Kölner Erzbischofs, der sie schließlich zerstörte. Doch schnell wurde sie wieder aufgebaut und dem Schutz des Trierer Erzbischofs unterstellt, ehe sie schwedische Truppen im Dreißigjährigen Krieg erneut niederbrannten. Erst in den 1980er-Jahren wurde die Ruine gesichert und zum Teil ausgebaut. Heute beherbergt sie ein Restaurant, das vor allem bei Brautpaaren hoch im Kurs steht.

Fast so alt wie die Burg ist die **Prämonstratenser-Abtei Sayn**, deren Kirche anno 1202 geweiht wurde. Zur Popularität des Klosters trug vor allem eine Armreliquie des Apostels Simon bei, welche der Kölner Erzbischof Bruno von Sayn der Abtei schenkte. Sie wird heute in einem Schrein im Hochaltar aufbewahrt. Doch mit der Reformation ging es mit dem Klosterleben erst einmal bergab. 1561 führten die Grafen von Sayn die protestantische Lehre ein. Zwar ging es später wieder aufwärts, doch mit der Säkularisation war das Schicksal des Ordens besiegelt. 1803 wurde die Abtei aufgelöst und ein Teil der Gebäude als Schule genutzt.

Innen und außen renoviert zeigt sich heute die Abteikirche, die Romanik, Gotik und Barock in sich vereint. Zu den ältesten Stücken gehören der Taufstein aus dem ersten Drittel des 13. Jahrhunderts und einige gotische Wandmalereien im Chor. Sie zeigen Propheten, Apostel und Figuren aus der Bibel. In einer Seitenkapelle ist das Skelett eines jugendlichen Märtyrers aus einer Katakombe in Rom zu sehen, der seit 1853 als **heiliger Pius** verehrt wird. Schmuckstück der Abtei ist der um 1230 entstandene Kreuzgang mit seinem Brunnenhaus – ein einmaliger Ort der Ruhe und Besinnung.

Von der Kirche zum Schloss führt die Abteistraße, deren Häuser zum Teil mit bunten Schmetterlingen bemalt sind. Sie verweisen auf die populärste Attraktion in Sayn, den **Schmetterlingsgarten im Schlosspark.** Bei rund 25 Grad Wärme und 60 Prozent Luftfeuchtigkeit sind hier Tausende farbenprächtiger Falter aus Südamerika, Afrika und Asien auf der Suche nach Nektar von einer Blüte zur anderen unterwegs. Vorbei an kleinen Teichen, in denen sich Schildkröten und Fische tummeln, bummelt der Besucher auf einem kurzen Rundweg durch die mit tropischen Pflanzen bestückten Pavillons. In Massen tanzen die bunten Falter dem Besucher um die Nase, setzen sich vor ihm auf Blüten und Blätter – eine Augenweide nicht nur für Hobbyfotografen.

Die Schmetterlingshäuser befinden sich in einem **englischen Landschaftsgarten**, den die Fürsten von Sayn Mitte des 19. Jh. zu Füßen des Burgbergs anstatt der dortigen Weinberge und Felder anlegen ließen. Fast gleichzeitig machten sie aus einem alten Herrenhaus ihr neues **Schloss** im neugotischen Stil. Zur letzten Jahrtausendwende wurde das im Krieg zerstörte Gebäude wieder aufgebaut. Haupt- und Treppenhaus, Salons und Säle sind heute Teil des **Neuen Museums Schloss Sayn**, welches das bewegte Leben der Fürstenfamilie dokumentiert. Fotografien erzählen vom Glanz vergangener Tage, den Stars wie Romy Schneider oder Yves Saint-Laurent versprühten, die mit der Adelsgesellschaft befreundet waren. Rennsportbilder erinnern an ihre Leidenschaft für schnelle Autos, eine Festtafel an ihre Geselligkeit. Zum Innehalten lädt die **Schlosskapelle** ein, in der das goldene Armreliquiar der Heiligen Elisabeth zuhause ist.

Für Abenteuerlustige übrigens gibt es im nahe gelegenen Brexbachtal einen **Kletterwald** mit 140 Stationen aus Seilen und Hindernissen in bis zu 22 Metern Höhe. Wanderer können das Städtchen auf dem Sayn-Steig umrunden, der schöne Blicke auf das Rheintal und bei gutem Wetter auch in die Eifel erlaubt. Gehzeit: rund 6 Stunden.

› **Anreise:** Mit der Buslinie 8 vom Koblenzer Hauptbahnhof direkt zum Schloss Sayn (40 Min.), mit dem eigenen Auto ca. 15–20 Minuten von Koblenz über die B9 bis Koblenz-Nord. Von dort über die Rheinbrücke nach Bendorf und weiter bis Sayn.

16 Tourist-Information Bendorf, In der Sayner Hütte 4, 56170 Bendorf-Sayn, Tel. 02622 9849550, www.bendorf.de, März–Okt. tgl. 10–18 Uhr

•**17 Abtei Sayn,** Kath. Pfarramt Maria-Himmelfahrt, Abteistraße 132, Tel. 02622 2746 (Führungen: Tel. 02622 14174), https://abtei-sayn.de, tgl. 11–18 Uhr (im Winter 13–17 Uhr)

18 Besucherzentrum Sayner Hütte, In der Sayner Hütte 4 (Navi: Althansweg), Tel. 02622 9849550, www.saynerhuette.org, März–Okt. tgl. 10–18 Uhr, Nov., Dez. nur Sa. und So. 11–17 Uhr, Eintritt 6 € (Jugendliche ab 13 Jahre 4 €)

•**19 Garten der Schmetterlinge Schloss Sayn,** Im fürstlichen Schlosspark, Tel. 02622 15478, www.kulturpark-sayn.de/partner/garten-der-schmetterlinge-schloss-sayn.html, Mitte März–Sept. tgl. 10–18, Okt. 10–17, Nov. 10–16 Uhr, Kombiticket mit Neuem Museum Schloss Sayn 13 € (Kinder 8 €, Familien 38 €)

20 Kletterwald Sayn, Im Brexbachtal, Tel. 02622 9869260, www.kletterwald-sayn.de, Mitte März–Nov. wechselnde Öffnungszeiten, Preis ab 26 € (Kinderparcours 10 €). Kletterwald für Alt und Jung hinter der Abtei. Im Kinderparcours können sich schon die Kleinsten ab 4 Jahren auf speziell zugeschnittenen Kletterelementen in Bodennähe austoben. Bis zu 22 Meter hoch können die Großen aufsteigen – nach entsprechender Einführung und gut gesichert! Die Kletterausrüstung ist in den Eintrittspreisen enthalten.

•**21 Neues Museum Schloss Sayn,** Schlossstr. 100, Tel. 02622 15478, www.kulturpark-sayn.de/partner/neues-museum-schloss-sayn.html, Mitte März–Sept. tgl. 10–18, Okt. 10–17, Nov. 10–16 Uhr, Kombiticket mit Schmetterlingsgarten 13 € (Kinder 8 €, Familien 38 €)

27 Höhr-Grenzhausen (Kannenbäckerland) ★ [Faltplan]

Höhr-Grenzhausen, 1936 aus dem Zusammenschluss der Gemeinden Höhr, Grenzau und Grenzhausen entstanden, ist Deutschlands **Keramikhauptstadt** und trägt den Beinamen **Kannenbäckerstadt.** Schließlich dreht sich hier und im umliegenden Kannenbäckerland alles um Ton und ähnliche Werkstoffe. Publikumsmagnet ist Europas angeblich **größtes Keramikmuseum,** das auf über 2000 Quadratmetern Ausstellungsfläche einen Einblick in die Geschichte der Keramikproduktion gibt. Aber auch Wanderer kommen im Westerwald auf ihre Kosten, laden doch viele gut ausgeschilderte Wege zum Spaziergang. Einer der schönsten ist der sogenannte **Brexbachschluchtweg,** die „Wäller Tour" (insgesamt 16 km), die zu Füßen der **Burg Grenzau** startet und endet, der einzigen Burg Deutschlands mit einem dreieckigen Turm.

Was dem Pfälzer der Hafner oder dem Hessen der Dippemacher, ist dem Westerwälder der Kannenbäcker. Ein Handwerker, der seit

Mein Tipp

Vom Römertopf zur Blumenvase

Für Anfänger und Profis offerieren Ateliers in der Region fast das ganze Jahr über **Töpferkurse**, in denen man das Handwerk lernen und seine eigenen Vasen, Teller oder Töpfe fertigen kann. Die entsprechenden Termine erfährt man beim Touristik-Service des Kannenbäckerlandes (s. r.). Keramikfreunde sollten sich auch den **Europäischen Keramikmarkt** merken, in dessen Rahmen gewöhnlich am ersten Juniwochenende in Höhr-Grenzhausens Innenstadt rund 150 Aussteller ihre Erzeugnisse anbieten.

Jahrhunderten die in der Region lagernden größten Tonvorkommen Europas unter anderem zu Töpfen, Krügen und Schüsseln formt. Gebrauchsgeschirr war es auch, das am Anfang der Keramikproduktion stand: einfaches Steinzeug mit meist brauner Glasur. Ende des 16. Jahrhunderts aber brachten zugezogene Töpfermeister die **kobaltblaue Glasur** in den Westerwald mit, die noch heute das traditionelle Geschirr in der Region bestimmt.

Den besten Überblick über die Geschichte der Westerwälder Keramik vermittelt das **Keramikmuseum Westerwald**, das sich stolz „Deutsche Sammlung für Historische und Zeitgenössische Keramik" nennt. Sonderausstellungen sind vor allem zeitgenössischen Keramikkünstlern gewidmet. Mit selbst gebackenem Kuchen und regionalen Spezialitäten wartet das Museumscafé auf. Außerdem locken eine Vielzahl privater Museen und Galerien sowie mehr als 40 Keramikwerkstätten im Kannenbäckerland, die zum Teil auch sonn- und feiertags offen stehen.

› **Anreise:** Koblenz und Höhr-Grenzhausen verbindet ein Bus mit Umstieg in Vallendar. Nur Werktags gibt es Direktverbindungen. Fahrzeit rund 45 Minuten, mit dem eigenen Auto ungefähr 20 Minuten.

22 Kannenbäckerland-Touristik-Service, Lindenstr. 13, 56203 Höhr-Grenzhausen, Tel. 02624 19433, www.kannenbaeckerland.de, Mo.–Do. 8–16.30, Fr. 8–12 Uhr

23 Keramikmuseum Westerwald, Lindenstraße 13, www.keramikmuseum.de, Tel. 02624 946010, Di.–So. 10–17, Eintritt 7 € (Familienkarte 10 €)

28 Bad Ems ★★★ [Faltplan]

„Kaiserbad" nennt sich Bad Ems stolz. Das schmückende Etikett erinnert daran, dass die dortigen Thermalquellen seit Jahrhunderten neben Zaren, Königen, Fürsten und Prinzessinnen auch große Kaiser lockten. Kein Wunder, dass die Stadt an der Lahn heute zu den zum UNESCO-Weltkulturerbe zählenden „Great Spa Towns of Europe" gehört. Es ist ein Gütesiegel, das Bad Ems eine große Bädertradition bescheinigt. Besuchermagnete sind die Therme und Deutschlands erste schwimmende Flusssauna. Sogar eine Spielbank gibt es, in einem denkmalgeschützten Prachtbau direkt am Ufer der Lahn.

Bis in die Römerzeit reicht die Geschichte des Kurorts zurück. So verlief durch Bad Ems einst der Limes, von dem die **Rekonstruktion eines Wachturms** auf dem Wintersberg zeugt. Wie es damals an der Lahn ausgesehen hat, kann man im **Kur- und Stadtmuseum** sehen, wo man die Römerzeit in 3-D-Darstellungen visualisiert hat. Souvenirs, Bilder, historische Badeschriften und viele andere Zeugnisse spiegeln dort aber auch die Tradition der Kurstadt mit ihren vielen Heilquellen.

27° bis 57 °C warm kommt das Wasser aus der Erde, das von Quelle zu Quelle, mehr als ein Dutzend zählt man insgesamt, eine andere Güte hat und damit für unterschiedlichste Anwendungen – von Katarrhen der Luftwege, akuten und chronischen Erkrankungen der Bronchien, des Kehlkopfs oder des Rachens bis zu Magen- und Darmkatarrhen und einigen Stoffwechselkrankheiten – geeignet ist. **„Emser Kränchen"** ist die bekannteste Quelle, deren Wasser man lange Zeit in Flaschen verschickte. Bis zu acht Meter schießt der Robert-Kampe-Sprudel im Sommer in die Höhe, der nach seinem Verdampfen wertvolle Salze zurücklässt, die seit über 160 Jahren als „Emser Pastillen" in alle Welt geliefert werden und nicht nur von Opernsängern geschätzt werden.

Schon im 17./18. Jahrhundert galt Ems als einer der berühmtesten deutschen Badeorte. Seine Glanzzeit aber war das 19. Jahrhundert, als Europas **Monarchen** und **Künstler** hier Sommerferien machten – von Kaiser Wilhelm I. bis Zar Nikolaus I., von Richard Wagner, der hier sein Bühnenweihfestspiel „Parzifal" vollendet haben soll, bis Jacques Offenbach, der in Bad Ems zum Großteil seinen „Orpheus in der Unterwelt" komponierte. Aber auch Literaten wie Victor Hugo, Johann Wolfgang von Goethe oder Fjodor Dostojewski ließen es sich an der Lahn gut gehen. Ein Gang durchs Städtchen lässt die glanzvollen Zeiten Revue passieren. Etwa beim Bummel durch den **Kurpark,** wo sich eine Büste von Zar Alexander findet und ein Denkmal, das Kaiser Wilhelm I. als Kurgast in schlichtem Gehrock zeigt. Es war das angeblich erste Denkmal, das den Monarchen nicht in Uniform, sondern in Freizeitkleidung präsentierte. Und auch beim Trinken aus dem „Emser Kränchen" ist der Kaiser auf dem Denkmal zu sehen.

Wilhelminische Fassaden schmücken die Römerstraße: Prachtbauten aus dem 19. Jahrhundert, meist alte Hotels. Ihr Prunkstück ist das an der Lahn gelegene **ehemalige Kurhaus,** das heute das Häcker's Grand Hotel und ein Ayurveda-Gesundheitszentrum beherbergt. Mit über 100 Zim-

Die Schokoladenseite der Kurstadt Bad Ems: Kurhaus mit Lahnbrücke

036ko©mh90photo, stock.adobe.com

mern und 7 Suiten ist das barocke Badeschloss, das sich Anfang des 18. Jahrhunderts eine Fürstin aus dem Hause Nassau-Oranien bauen ließ, der größte und schönste Hotelbau der Stadt. Die alte Brunnenhalle liegt heute im Empfangsbereich der Nobelherberge. Im Ostflügel logierte einst der Kaiser. Er ließ auch die evangelische Kaiser-Wilhelm-Kirche bauen, um sich den weiten Weg ins alte Dorfkirchlein zu sparen. Allerdings erlebte er ihre Fertigstellung nicht mehr.

Ebenfalls an der Lahn findet sich das **Kurhaus** mit seinem Mitte des 19. Jahrhunderts errichteten Marmorsaal. Vorbild des mit prächtigen Wandmalereien ausgestatteten Raums ist die Renaissance-Villa Farnesina direkt am Tiber in Rom. Seit den Auftritten des Violinvirtuosen Niccolò Paganini oder des Musikers und Operettenkomponisten Jaques Offenbach, heißt es in Bad Ems, habe sich dort kaum was verändert.

Modern dagegen ist die **Emser Therme** mit angeschlossenem Hotel. Mehr als ein halbes Dutzend Innen- und Außenbecken unterschiedlichster Temperatur laden zum Schwimmen und Relaxen. Dazu gibt es Deutschlands erste **Flusssauna**, die auf einer Plattform in der Lahn liegt und über einen Steg zu erreichen ist. Wellness-Freunde erwarten in der Therme klassische und exotische Massagen, Kosmetikbehandlungen und ein Hamam.

Kilometerlang und bestens ausgeschildert ist das **Wandernetz** rund um Bad Ems. Wer will, kann stundenlang am Ufer entlangspazieren oder einfach nur durch den Kurpark schlendern. Wer seinen Waden mehr zumuten will, steigt auf die umliegenden Berge. Auf die **Bismarckhöhe**, den Hausberg der Stadt, führt gar eine moderne Kabinen-Standseilbahn, die **Kurwaldbahn**. Sie überwindet auf einer Streckenlänge von 220 Metern einen Höhenunterschied von 132 Metern und gehört damit zu den steilsten Standseilbahnen der Welt. Ausgewiesene Nordic-Walking-Strecken aller Schwierigkeitsgrade stehen ebenfalls zur Verfügung und Pedalritter – Räder können vor Ort ausgeliehen werden – sind auf dem **Lahntalradweg** bestens aufgehoben. Für Mountainbiker gibt es einen eigenen fast 4 Kilometer langen Trail im **Emser Bike Park**.

› **Anreise:** Mit dem Zug (tagsüber mind. einmal stündlich) ab Koblenz in rund 20 Minuten, etwas länger mit dem Auto

ⓘ**24 Tourist Information Bad Ems,** Römerstr. 11, 56130 Bad Ems, Tel. 02603 94150, www.badems-nassau.info, tgl. 10–16 Uhr

★**25 Emser Therme,** Viktoriaallee 25, www.emser-therme.de, Tel. 02603 97900, tgl. 9–22 Uhr

★**26 Häcker's Grand Hotel (ehemaliges Kurhaus),** Römerstraße 1, Tel. 02603 7990, www.haeckers-grandhotel.com

★**27 Kur- und Stadtmuseum,** Römerstraße 97, Tel. 02603 3572, www.museum-bad-ems.de, April–Sept. Di.–Fr., So. 14–17 Uhr, Okt.–März Mi., Fr. 14–17 Uhr, Eintritt frei

★**28 Kurpark**

•**29 Talstation Kurwaldbahn,** Römerstraße 18 (gegenüber Spielbank), https://staatsbad-badems.de/kurwaldbahn, Mo.–Fr. 6.15–21, Sa., So. 9–22 Uhr, hin und zurück 5 €, einfache Fahrt 3 €

•**30 Spielbank Bad Ems,** Römerstr. 8 (Parkhaus am Kurpark), Tel. 02603 4541, www.spielbank-badems.de, Automatenspiel tgl. 13–2.30 Uhr, Roulette Mi.–Sa. 19–2.30 Uhr. Zugang ab 18 Jahren nach Vorlage eines Ausweises. Angemessene Kleidung erwünscht.

㉙ Lahnstein ★ [Faltplan]

Lahnstein, bis zur Verwaltungsreform 1969 in Ober- und Niederlahnstein getrennt, liegt **am Zusammenfluss von Rhein und Lahn.** Durch diese Lage war es lange Zeit ein beliebter Versammlungsort, an dem mancher König zur Audienz bat. So schufen die **Mainzer Erzbischöfe,** die im südlichen Oberlahnstein zu Hause waren, im 13. Jahrhundert **Burg Lahneck** (www.burg-lahneck.de), um die sich zahlreiche Sagen ranken. Zwar zerstörten die Schweden im Dreißigjährigen Krieg und die Franzosen im Pfälzischen Erbfolgekrieg die Anlage, doch im Zug der Rheinromantik wurde die sich heute in Privatbesitz befindliche Burg ab 1852 wieder aufgebaut. Von April bis Oktober ist die Burg von Di. bis So. zwischen 11 und 14 Uhr zu besichtigen (Eintritt 12 €, Kinder 6 €). Zollburg der Mainzer Erzbischöfe und Kurfürsten war das **Martinsschloss** am Rhein, dessen älteste Teile ebenfalls aus dem 13. Jahrhundert stammen.

Die wichtigsten Sehenswürdigkeiten des Städtchens lassen sich am besten im Rahmen des **Lahnsteiner Themenwegs** besichtigen, der individuell zu 20 sehenswerten Stellen durch die Stadt führt. Aufmerksamkeit hat neben dem **Zollturm** mit dem legendären Wirtshaus an der Lahn – hier sollen die berühmt-berüchtigten Wirtinnen-Verse entstanden sein – auf alle Fälle die **Johanniskirche** an der Lahnmündung verdient. Sie entstand Mitte des 12. Jahrhunderts und soll der Koblenzer Liebfrauenkirche Vorbild gewesen sein. Die dreischiffige Emporenbasilika, die älteste am Mittelrhein, zeigt sich nach umfassender Sanierung heute weitgehend wieder im romanischen Originalzustand des 12. Jahrhunderts: ein Ort der Stille und Besinnung!

124ko-gs

Wanderern bietet Lahnstein ein besonderes Juwel: die **Ruppertsklamm,** eine 1,5 km lange, wildromantische Schlucht mit kleinen Brücken, Holzstegen und abenteuerlichen, durch Seile gesicherten Passagen an Felsen entlang. Wer will, kann die Klamm auf einem knapp zweistündigen Rundweg erkunden. Dabei ist festes Schuhwerk ebenso hilfreich wie ein wenig Kondition, schließlich geht es auch über 200 Höhenmeter bergauf.

› **Anreise:** Mit der Bahn ab Koblenz Hauptbahnhof bis Niederlahnstein (8 Min.).

ℹ 31 **Touristinformation Lahnstein,** Salhofplatz 3, 56112 Lahnstein, Tel. 0262 1914171, www.lahnstein.de, Mo.–Fr. 9.30–13 und 14–16.30 Uhr

★ 32 **Johanniskirche,** Johannesstraße, tgl. 10–17 Uhr

★ 33 **Zollturm am Wirtshaus an der Lahn,** Lahnstraße

⌃ *Gutes Schuhwerk und ein bisschen Luft für den Weg bergauf braucht es in der Ruppertsklamm*

037ko©mojolo, stock.adobe.com

30 Marksburg (Braubach) ★★★ [Faltplan]

Eine fast originalgetreue Kopie steht in einem japanischen Vergnügungspark auf der Insel Miyako, das Original befindet sich aber noch immer am Rhein: Die Marksburg ist die einzige nie zerstörte Höhenburg am Rhein, weshalb sie viele für die vielleicht schönste deutsche Ritterburg halten. Schon die Lage der mittelalterlichen Festung auf einem Felskegel ist beeindruckend. Rittersaal, Kapelle, Weinkeller und Burgküche sind neben einer mit Waffen gespickten Rüstkammer das ganze Jahr über zu besichtigen.

Erbauer der Marksburg waren die Herren von Eppstein, die in der Großregion einst zu den mächtigsten Familien gehörten. Aber erst die Grafen von Katzenelnbogen verliehen dem Gemäuer seine imposante gotische Gestalt. Fast alle großen Kriege gingen spurlos an der Burg vorbei, auch weil sie militärisch keine große Rolle spielte. Kein Wunder, dass die Anlage mit der Zeit verwahrloste.

Das änderte sich im Jahr 1900, als die Deutsche Burgenvereinigung nach Fürsprache Kaiser Wilhelms II. die Burg für umgerechnet 10.000 Euro erwarb und herrichten ließ. Inzwischen ist sie mit fast 200.000 Besuchern jährlich eine der **meistbesuchten Burgen am Rhein** – und auch ein beliebter Ort zum Heiraten.

Eingang zur Marksburg ist das **Zugbrückentor** von 1490, das zur alten Torwächterstube führt, die heute als eine Mischung aus Museumsshop und Antiquariat dient. Ihr Kern ist der **romanische Palas**, das älteste Gebäude der Burg. In der rund um die Burg führenden **Zwingeranlage**, die einen einmaligen Blick auf den Rhein und den Taunus bietet, wachsen 160 Arten von mittelalterlichen Nutz- und Zierpflanzen – von der Alraune bis zum Tausendgüldenkraut. Eine Augenweide nicht nur für Botaniker!

Bietet einen hervorragenden Ausblick: die Marksburg

Eine Hinterladerkanone von 1450 mit einer Schussweite von rund 200 Metern erinnert an die mittelalterlichen Glanzzeiten der Burg, eine Vorderladerkanone aus napoleonischen Zeiten mit einer Schussweite von knapp tausend Metern an die Ära ihres Niedergangs. Große Fässer stehen im **Weinkeller**, in dem man einiges über die Trinkgewohnheiten im Mittelalter erfährt. Bis zu drei Liter Wein hätten die Ritter täglich getrunken – wobei man sagen muss, dass die Weine damals nur rund 5 Prozent Alkoholgehalt hatten, in der Regel mehr als die Hälfte weniger als heute. Ein Kühlschrank, den man mit Eis füllte, steht noch heute in der **Burgküche.**

Zentraler Treffpunkt der Burgherren war der **Rittersaal**, Wohn-, Ess- und Arbeitszimmer in einem und mit einer Toilette versehen, die sich aber nur von außen verschließen ließ. Die kleine **Burgkapelle** im Kapellenturm von 1372 überrascht mit der Nachbildung einer spätgotischen Madonna und authentisch nachempfundenen Wandfresken, die unter anderem den heiligen Markus zeigen, den Namensgeber der Burg.

Ein Dutzend lebensgroßer Figuren dokumentieren in der **Rüstkammer**, wie sich die Ausrüstung der Krieger von der Antike bis zur frühen Neuzeit immer wieder änderte. Im untersten Stockwerk des Palas, im ehemaligen **Pferdestall**, ist eine Vielzahl an Folter- und Strafinstrumenten zu sehen – von der Streckbank bis zur Schweinemaske, mit deren Hilfe man die Menschen einst buchstäblich zur Sau machte. Der fünfzigminütige Rundgang durch die Burg endet in der noch heute betriebsbereiten **Burgschmiede** mit Amboss und mittelalterlichem Werkzeug.

› **Marksburg,** Braubach, Tel. 02627 206, www.marksburg.de, Führungen im Stundentakt März–Okt. tgl. 10–17, Nov.–Febr. tgl. 11–16 Uhr, 11 € (Kinder 8 €). Für Rollstuhlfahrer und Gehbehinderte ist die Besichtigungstour nicht geeignet, festes Schuhwerk ist empfehlenswert. Hunde dürfen angeleint an der Führung teilnehmen. Audio- und Filmaufnahmen sind während der Besichtigung nicht gestattet.

› **Anreise:** Mit der Bahn von Koblenz nach Braubach (ca. 25 Minuten). Vom Bahnhof führt ein ansteigender Fußweg entlang eines Burgen-Lehrpfads in etwa einer halben Stunde zur Burg. Mit dem Auto erreicht man die Marksburg über die rechte Rheinuferstraße nach Braubach, von wo ein Sträßchen zum im Sommer kostenpflichtigen Burgparkplatz führt (ab Koblenz ca. 25–30 Minuten). Zum Schluss bleiben noch zehn Minuten Minuten Fußmarsch bis zur Burg.

31 Boppard ★★ [Faltplan]

Zu den größten Städten zwischen Bingen und Koblenz gehört Boppard, mit knapp 300.000 Übernachtungen jährlich eine der touristischen Hochburgen am Mittelrhein. Zu entdecken gibt es malerische Plätze, viel Fachwerk und eine von Frühjahr bis Herbst von Freiluftterrassen gesäumte Uferlandschaft sowie einige Sehenswürdigkeiten. Dazu zählt die romanische **Pfarrkirche St. Severus** am Marktplatz mit interessanten Wandmalereien im Inneren, die das Leben des heiligen Severus von Ravenna zeigen. Wegen seines Namens (übersetzt „Der Strenge") gilt er als Patron der Polizisten. Uralte Grabsteine rechts und links des Haupteingangs zeugen vom frühchristlichen Leben am Mittelrhein, das bis in die Mitte des ersten Jahrtausends

038ko-gs

MEIN TIPP

Ein Bähnchen in den Hunsrück

Von Boppard führt **eine der steilsten deutschen Eisenbahnstrecken** nach Emmelshausen: die **Hunsrück-Bahn.** Sie überwindet allein auf der sechs Kilometer langen Teilstrecke zwischen Boppard und Buchholz einen Höhenunterschied von 336 Metern, was einem Steigungsgrad von über 6 % entspricht. Zwei Viadukte und fünf Tunnel mussten einst für die Bahn gebaut werden und machen noch heute den Reiz der Strecke aus. Fast parallel dazu läuft ein – zumindest bergauf – schweißtreibender, 16 Kilometer langer Wanderweg. Eisenbahnfreunden erlaubt er immer wieder einen schönen Blick auf die Hunsrück-Bahn.

› **Hunsrück-Bahn Boppard – Emmelshausen,** Fahrzeit 26 Minuten, Fahrplan und weitere Infos unter www.hunsrueckbahn.de

zurückgeht. Über dem Altar zeigt ein Triumphkreuz aus dem 13. Jahrhundert Christus nicht leidend mit einem Dornenkranz, sondern als König der Welt mit einer Krone. Lächelnd als Königin mit dem segnenden Kind präsentiert sich auch die Gottesmutter – eine romanische Madonnenstatue, die ebenfalls aus dem 13. Jahrhundert stammt. Nicht weniger reich ausgestattet ist die sich nur wenig weiter befindliche gotische **Karmeliterkirche** mit sehenswertem Chorgestühl aus dem 15. Jahrhundert. Es gilt als das schönste am Mittelrhein.

Fast direkt am Fluss steht die **kurfürstliche Burg,** deren mächtiger Turm die Macht ihres Bauherrn, nach

⌃ *Viadukte und Tunnel prägen eine der schönsten deutschen Eisenbahnstrecken vom Rhein in den Hunsrück*

neusten Erkenntnissen König Richard von Cornwall (1209–1272), demonstrieren sollte. Ein mittelalterliches Bollwerk, das anfangs als Zollburg fungierte und heute als **Stadtmuseum** dient. Hier finden sich auch die weltberühmten Stücke des Schreiners und Möbelfabrikanten **Michael Thonet**, der 1796 in Boppard zur Welt kam. Thonet formte aus bestem Holz mit Dampf und Druck einmalige Stühle, die heute viele Museen in aller Welt bereichern.

Auch an **Engelbert Humperdinck** erinnert das Museum, den Schöpfer der Märchenoper „Hänsel und Gretel", der gern in Boppard komponierte. Von den Römern zeugt ein gewaltiges **Kastell**, dessen Überreste man in den letzten Jahrzehnten immer weiter freigelegt hat.

Nördlich der Stadt liegt der **Bopparder Hamm**, die größte zusammenhängende Rebfläche am Mittelrhein. Ein knappes Dutzend Winzer erzeugt hier jährlich rund 600.000 Liter Wein. Das Gebiet ist ein kleines Wanderparadies. Besonders bekannt ist der **Vierseenblick**, ein Aussichtspunkt, der den Blick so einschränkt, dass man den Rhein als vier voneinander getrennte Seen wahrnimmt. Von Boppard aus führt eine Sesselbahn (April–Okt. tgl. ab 10 Uhr) in seine Nähe. Auch **Alpinisten** kommen in Boppard auf ihre Kosten. 10 Leitern, 130 Trittbügel und fast 200 Meter Drahtseil gehören zu einem **Klettersteig**, von dem man den Rhein aus der Vogelperspektive erlebt. Trittsicherheit und Schwindelfreiheit sind Voraussetzung! Für Kinder und Ungeübte gibt es Klettergurte. Dreistündige, geführte Wanderungen offeriert die Tourist-Information.

› **Anreise:** Nach Boppard kommt man ab Koblenz im Stundentakt mit der Bahn (Fahrzeit: ca. 15 Minuten). Mehr als doppelt so lange ist man mit Bus (Nr. 670 ab Koblenz Hbf) oder Auto unterwegs.

34 Tourist-Information Boppard, Marktplatz 17 (Altes Rathaus), 56154 Boppard, Tel. 06742 3888, www.boppard.de, Di.–Fr. 9–17 Uhr

35 GedeonsEck€, Gedeonseck 1, Tel. 06742 5146, www.gedeonseck-boppard.de, April–Okt. tgl. 10–18 Uhr. Ausflugslokal mit großer Terrasse samt herrlichem Rheinblick, einfache und deftige Hausmannskost, Hunde erlaubt.

★**36 Karmeliterkirche,** Karmeliterstraße/Heerstraße, tgl. 10–18 Uhr

★**37 Museum Boppard (Kurfürstliche Burg),** Burgplatz 2, Tel. 06742 8015984, Di.–Fr. 10–17, Sa., So. 11–18 Uhr, Eintritt 4 € (Kinder ab 7 Jahre 1 €)

★**38 Pfarrkirche St. Severus,** Marktplatz, tgl. 10–18 Uhr

★**39 Römer-Kastell,** Kirchgasse/Ecke Angertstraße

32 St. Goar und St. Goarshausen ★ [Faltplan]

In Sichtweite der Loreley 33 liegen **St. Goar** und **St. Goarshausen.** Beide Gemeinden verbindet eine **Rheinfähre,** die den Besucher in nicht einmal drei Minuten vom einen zum anderen Ufer bringt.

Ihren Namen verdanken die beiden Orte dem **heiligen Goar,** einem Missionar aus dem heutigen Südwestfrankreich, der sich – so die Legende – im frühen 6. Jahrhundert hier niedergelassen haben soll. Weil er angeblich selbst Wein anbaute, gilt er als Patron der Gastwirte. Aber auch die Schiffer verehren ihn, weil man ihm nachsagt, den einen oder anderen Bootsmann am gefährlichen Loreley-Felsen vorbeigelotst zu haben.

MEIN TIPP

Wohnen wie die Ritter

Wer auf Schloss Rheinfels nächtigt, wird schnell zum Romantiker. Dafür sorgt vor allem der einmalige **Blick ins Rheintal,** den von der Terrasse des **Schlossrestaurants** auch Tagesgäste genießen können. St. Goar und St. Goarshausen liegen einem dann wie Spielzeugdörfer zu Füßen. Ausgesuchte Weine verschönern die Abende der Hotelgäste, die tagsüber auf den Wegen und Steigen rechts und links des Rheins wandern können. Ein Fitnesszentrum in den Schlosskatakomben lockt Nostalgiker mit alten Turn- und Sportgeräten wie einem Reck oder sogenannten Muskelbalken, mit denen man einst seinen Körper stählte.

42 Schloss Rheinfels €€€, Schloßberg 47, St. Goar, Tel. 06741 8020, www.schloss-rheinfels.de

Schon im Mittelalter war sein Grab in der Kirche zu St. Goar eine vielbesuchte Wallfahrtsstätte, aus der schließlich das Chorherrenstift St. Goar erwuchs. Anno 1183 erhielt St. Goar das Stadtrecht. Ihre Schutzherren waren die Grafen von Katzenelnbogen, die Mitte des 13. Jahrhunderts **Burg Rheinfels** als Zollburg für die rheinaufwärts fahrenden Schiffe errichteten. Um sich auch die Zölle der zu Tal fahrenden Schiffe zu sichern, baute man auf der anderen Rheinseite Burg Neukatzenelnbogen, die heutige **Burg Katz.** Um 1570 wurde Rheinfels zu einem Renaissanceschloss umgebaut, das französische Revolutionstruppen Ende des 18. Jahrhunderts kampflos einnahmen und dann sprengten. Ironie des Schicksals: Die Steine der Ruinen wurden beim Bau der Festung Ehrenbreitstein verwendet.

Mitte der 1920er-Jahre ging die Burg Rheinfels in den Besitz der Stadt St. Goar über, die sie in den 1960er-Jahren zum Teil wieder herrichtete und Platz für eines der schönstgelegenen Hotels am Rhein schuf. Für Besucher ist die **Burg Rheinfels** von Mitte März bis Ende November täglich zugänglich. Das **Heimatmuseum in der Burg** dokumentiert die Geschichte **St. Goars,** dessen alte Gassen zum persönlichen Erleben einladen.

Wie in St. Goar gehört auch in **St. Goarshausen** auf der anderen Rheinseite das **Rathaus** zu den schönsten Bauten. Über den mittelalterlichen Stadttürmen thront die schon erwähnte **Burg Katz**, die nicht öffentlich zugänglich ist. Auf der Hafenmole von St. Goarshausen sitzt eine Loreley-Figur aus Bronze. Sie illustriert – wie auch die neu aufgestellte Statue oben auf dem Loreleyfelsen – die vielen Sagen und Geschichten um die Loreley (s. S. 76), die ihren Ursprung in der Romantik haben, als Maler und Literaten den Rheinfelsen einem breiten Publikum bekannt machten.

› **Anreise:** Mit der Bahn braucht man in beide Städte ab Koblenz eine gute halbe Stunde. Viel schneller ist man über die Rheinuferstraße auch mit dem Auto nicht.

40 Tourist-Information St. Goar, Heerstr. 81, 56329 St. Goar, Tel. 06741 383, www.welterbe-mittelrheintal.de, Sommerhalbjahr Mo., Di., Do., Fr. 10–16.30, Mi., Sa. 10–13 Uhr, Winterhalbjahr Mo.–Mi., Fr., Sa. 10–13, Do. 14–17 Uhr

★**41 Burg Rheinfels,** Schlossberg 47, St. Goar, Tel. 06741 7753, tgl. 9–17 Uhr, in den Wintermonaten nur Sa., So. 10–14 Uhr, 6 €

Ein Ausflugsschiff der Weißen Flotte (s. S. 131) vor der Loreley

33 Loreley ★★★ [Faltplan]

Kein anderer Felsen im Rheintal ist berühmter als der rechtsrheinische Schieferklotz bei **Rheinkilometer 555**, der die **engste** (145–160 m) und **tiefste** (25 m) **Stelle des Flusses** markiert. Besonders bei Niedrigwasser ist von den Schiffern volle Konzentration gefordert. Bis 1980 war die Loreley deshalb nur mit einem Lotsen an Bord passierbar. Einen der besten Blicke auf den rund 130 m hohen Loreley-Felsen hat man vom Campingplatz in St. Goar 32 aus – vor allem, wenn ihn die späte Abendsonne noch einmal ins rechte Licht rückt. Seinen besonderen Reiz hat auch der Blick vom Aussichtspunkt Maria Ruh im Hunsrück-Dörfchen Urbar auf den Felsen. Das **Café-Restaurant Loreleyblick** lädt dort gewöhnlich von Frühjahr bis Herbst zur Einkehr.

- 43 **Loreleyblick Maria Ruh**, Loreleystraße 20, 55430 Urbar, Tel. 06741 9811599, https://maria-ruh.de, April–Okt. Mi.–So. 11–18 Uhr, März, Nov., Dez. eingeschränkt geöffnet

Auf dem großen Felsplateau über der Loreley hoch über dem Rhein ist ein Millionen schwerer **Kulturlandschaftspark** entstanden, der sich als Herzstück der Weltkulturerbelandschaft am Mittelrhein versteht (s. S. 114) und sich breit über den Felsrücken schiebt. Ein sogenannter **Mythenpfad** bringt die Romantik des Tals Besuchern näher und macht sie mit Geschichte und Kultur der Region vertraut. Der Landschaftspark bietet Gelegenheit, von seiner Spitze aus in beide Rheinrichtungen zu schauen und so die exponierte Stellung des Felsens noch intensiver zu erleben. Streiten allerdings kann man sich darüber, ob es des vielen Betons bedurft hätte, um die Loreley zum Erlebnisort zu machen.

Ein Publikumsmagnet ist auch die große **Freilichtbühne** auf dem Felsplateau, die allerdings nur im Rahmen von Konzerten zugänglich ist. Eine Aufführung von Schillers „Wilhelm Tell“ 1939 war übrigens die erste Veranstaltung auf dem Gelände, das die Nationalsozialisten als

039ko-gs

Lore Lay – eine Zauberin macht Geschichte(n)

Stolz thront seit 1983 eine Nixe auf der Hafenmole von St. Goarshausen 32, ein Geschenk einer russischen Künstlerin an die Stadt. Damit nahm für die Masse der Touristen jenes sagenhafte Weib Gestalt an, das der Loreley zu Weltruf verhalf. Zwar hatte der Bergklotz Jahrhunderte mit seinem Echo von sich reden gemacht, touristisch aber spielte der „Lurlenberg", wie man ihn im Mittelalter nannte, bis ins frühe 19. Jahrhundert kaum eine Rolle.

Das änderte sich, als der Mittelrhein mit seinen Burgen und Weinbergen ins Visier der von der eindrucksvollen Naturlandschaft faszinierten **Romantiker** geriet. Maler hielten ihre Eindrücke in Bildern fest, Musiker in Noten – und Dichter fingen an, literarisch zu schwärmen. Einer war **Clemens Brentano,** der 1801 im Rahmen seines Romans „Godwi oder Das steinerne Bild der Mutter" eine Ballade schrieb: „Zu Bacharach am Rheine wohnt eine Zauberin, sie war so schön und feine und riss viel Herzen hin. Und machte viel zuschanden der Männer rings umher, aus ihren Liebesbanden war keine Rettung mehr."

Der in dem heutigen Koblenzer Vorort Ehrenbreitstein 18 geborene Dichter Brentano formte damit erstmals das Bild der **Zauberin Lore Lay,** die mit ihrer Schönheit allen Männern den Verstand raubte und sie schließlich in den Tod stürzte. Ihr Wesen griff er auch in seinen Rheinmärchen (1846/1847) wieder auf, in denen die sagenhafte Gestalt allerdings nicht mehr in Bacharach zu Hause ist, sondern in einem von schroffen Felsen umgebenen Schloss.

Mit der Lore Lay jedenfalls gewann der schon damals wegen der Engstelle des Rheins zu seinen Füßen unter Schiffern berüchtigte Felsklotz an Popularität, denn Brentanos Schriften waren Anlass für immer neue Erzählungen, Geschichten und Gedichte über die sagenhafte Frau. Am bekanntesten wurde **Heinrich Heines Lore-Ley-Lied.** Er prägte die Figur der Loreley als eine Art **Nixe,** die mit ihrem Gesang und ihrer Schönheit die Rheinschiffer in ihren Bann zog, die daraufhin das Steuern vergaßen und zwischen den Felsenriffen zerschellten. 1837 vertonte Friedrich Silcher Heines Lied, das noch heute als ein wichtiges Stück deutscher Kultur gilt und in vielen Schulen weltweit im Deutschunterricht auf dem Lehrplan steht (s. S. 78). 1841 setzte Franz Liszt das Lied in Noten um. Paul Lincke formte aus dem Stoff anno 1900 eine Operette unter dem Titel „Fräulein Loreley" und Felix Mendelssohn Bartholdy, so heißt es, wollte aus der Geschichte gar eine Oper machen.

Dabei hatte der Felsen mit der Nixe anfangs gar nichts gemeinsam. Stattdessen sollen es Zwerge, Waldgottheiten oder Bergnymphen gewesen sein, die in seinem Inneren hausten und angeblich für das mehrfache **Echo** verantwortlich waren, das man heute im lärmgeplagten Rheintal kaum noch hört. Weil der Felsen früher auch gern Lur(e)lei genannt wurde, verweisen manche in diesem Zusammenhang auf das mittelhochdeutsche Wort „lur", das **Elfe** bedeutet. Die Loreley wäre damit ein Elfenfelsen gewesen. Ganz sicher ist diese Interpretation allerdings nicht, ist doch nur das zweite Glied des Namens („lei") eindeutig als Felsen zu übersetzen.

Wie dem auch sei: Clemens Brentano jedenfalls war es, der den Namen des Felsens auf eine Person übertrug. Wahrscheinlich, so vermuten einige

Fachleute, verband er den Echofelsen mit dem antiken Mythos der Nymphe Echo, welche aus Trauer über den Verlust ihres Geliebten zu einem Felsen erstarrte, von dem fortan ihre Stimme als Echo ertönte. Ein Jahrzehnt später griff Brentano die Figur in seinen Rheinmärchen wieder auf: Dort ist die „Lureley" nicht mehr das Mädchen aus Bacharach, sondern eine Fee, die den im Fels verborgenen **Nibelungenschatz** hütet. Erstmals wird sie jetzt auch mit einem **sinkenden Schiff** in Verbindung gebracht. So erzählt ein Müller, während einer stürmischen Rheinreise auf den Loreley-Felsen hinaufgeschaut zu haben. Dort habe er „eine wunderschöne junge Frau mit schwarzem Rock und weißem Schleier" gesehen, die ihr langes blondes Haar kämmte. Fast gleichzeitig sei sein Schiff in einen Strudel geraten, der das Boot in die Tiefe riss.

Auch wenn die Geschichte, die später immer wieder variiert wurde, **frei erfunden** ist, hatte sie einen wahren Kern. Schon im Mittelalter nämlich war die Engstelle zu Füßen des Felsens nur schwer passierbar. Eine Sandbank, an deren Seite quer im Fluss liegende Klippen den Rhein stauten, verdichtete das Wasser zu **gefährlichen Strudeln,** die Schiffern häufig zum Verhängnis wurden. Bevor im letzten Jahrhundert die meisten der Riffe gesprengt wurden, so erzählt man sich noch heute im Rheintal, hätten die Schiffer ihre Mannschaften und Passagiere vor dem Passieren der Loreley durch drei Glockenschläge zum Gebet aufgefordert.

Da viele Besucher eine **Loreley-Figur** hoch oben über dem Rhein vermissten, hat man jetzt auch auf der Spitze des Felsplateaus eine Statue aufgestellt. Sie sitzt wie verschmolzen mit dem Felsplateau auf der Spitze ihres Sockels. Geschaffen hat die über 100.000 € teure und mehr als 2 m hohe Figur die Berliner Künstlerin Valerie Otte. Der Entwurf für die neue Loreley ging als Sieger aus einer Abstimmung der Einwohner St. Goarshausens hervor, die sich mit deutlicher Mehrheit für diese Figur entschieden haben, die weniger aufreizend als ihr Sagendouble unten am Rheinhafen ist.

122ko-gs

⊡ *Verträumt, fast schüchtern blickt die „neue" Loreley auf dem Felsplateau hinab ins Flussbett*

Lore-Ley-Lied

Ich weiß nicht was soll es bedeuten
Dass ich so traurig bin;
Ein Märchen aus alten Zeiten
Das kommt mir nicht aus dem Sinn.

Die Luft ist kühl und es dunkelt
Und ruhig fließt der Rhein;
Der Gipfel des Berges funkelt
Im Abendsonnenschein.

Die schönste Jungfrau sitzet
Dort oben wunderbar
Ihr goldenes Geschmeide blitzet
Sie kämmt ihr goldenes Haar.

Sie kämmt es mit goldenem Kamme
Und singt ein Lied dabei;
Das hat eine wundersame
Gewaltige Melodei.

Den Schiffer im kleinen Schiffe
Ergreift es mit wildem Weh;
Er schaut nicht die Felsenriffe
Er schaut nur hinauf in die Höh'.

Ich glaube, die Wellen verschlingen
Am Ende Schiffer und Kahn;
Und das hat mit ihrem Singen
Die Lore-Ley getan.

Heinrich Heine, 1823/1824

„Thingstätte" für Theateraufführungen und Parteiveranstaltungen nutzten. Heute bietet die Open-Air-Bühne 4000 Sitzplätze. Ein barrierefreies **Besucherzentrum**, zu dem auch ein Bistro mit Außenterrasse gehört, informiert über die Region und Angebote wie Eselwanderungen durch die sich um die Felslandschaft erstreckenden Weinberge. Wer will, kann im sogenannten Mythosraum in einem 3-D-Film die Vielfalt und Schönheit des Rheintals erleben. Umstritten ist eine **Sommerrodelbahn**, die nach Ansicht der UNESCO nicht zum Weltkulturerbe Oberes Mittelrheintal passt. Die Spaßgesellschaft stört das nicht: Sie rast weiter mit ihren Sommerschlitten durch eine 700 Meter lange Edelstahlrinne talwärts.

Für Weinliebhaber ist der gut sechs Kilometer lange **Weinlehrpfad Loreley** gedacht, der interessante Informationen zum Weinbau am Mittelrhein liefert. Startpunkt der gut zweistündigen Rundtour ist das Loreley-Besucherzentrum (s. u.).

› **Anreise:** Mit dem Zug von Koblenz bis St. Goarshausen (ca. 30 Minuten). Vom Bahnhof führt ein einstündiger Fußmarsch über einen zum Teil steilen Treppenweg oder über den Rheinsteig zum Felsplateau der Loreley. Eine Alternative ist der täglich zwischen 10 und 19 Uhr verkehrende Loreley-Shuttlebus (NVG 535). Mit dem Auto beträgt die Fahrzeit von Koblenz zum Besucherzentrum gut 40 Minuten. Die Parkplätze sind kostenpflichtig. Außerdem gibt es auf dem Parkplatz einige Stellplätze für Wohnmobile.

› **Besucherzentrum Loreley mit Tourist-Information,** Loreley 7, 56348 Bornich, Tel. 06771 599093, www.loreley-touristik.de, Mitte März–Anfang Nov. tgl. 10–17, Nov.–Mitte März tgl. 11–16 Uhr. Die Loreley-Touristik organisiert von April bis Oktober samstags rund 90-minütige Führungen.

› **Sommerrodelbahn Loreley-Bob,** Loreleyplateau, www.loreleybob.de, Tel. 06771 9594833, Mitte März–Mitte Nov. tgl. 10–17 Uhr, 3,50 € (Kinder 3 €)

› *Die Burg Eltz – eine stolze und alte Ritterburg*

34 Burg Eltz ★★★ [Faltplan]

Die Burg Eltz schmückte bereits deutsche Briefmarken und Banknoten und gilt als eine der populärsten Ritterburgen Europas. Umflossen vom Elzbach, dem Namensgeber für eine der ältesten Adelsfamilien Deutschlands, ist die Burg seit mehr als 30 Generationen Stammsitz der Grafen und Edlen Herren von und zu Eltz. Versteckt in einem Seitental der Mosel thront sie seit dem Mittelalter auf einem riesigen Felsen. Bis zu 35 Meter hohe Wohntürme mit Erkern und Dächern prägen das Bild der Burg, die gewöhnlich vom Palmsonntag bis Allerseelen Besuchern offensteht.

Höchstwahrscheinlich wurde Burg Eltz **Anfang des 12. Jahrhunderts** an einem Handelsweg von der Mosel in die Eifel erbaut. Der Name Eltz jedenfalls taucht erstmals 1157 in einer Schenkungsurkunde Friedrichs I. Barbarossa auf, in der von einem „Rudolphus de Elze“ die Rede ist. Aus dieser Zeit stammen der spätromanische Bergfried und Reste des romanischen Wohnhauses. Um Erbauseinandersetzungen zu vermeiden, wurde die Anlage im 13. Jahrhundert unter drei Nachkommen aufgeteilt, aber als Gemeinschaftserbe weitergeführt. Jede Familie konnte daher innerhalb der Burg neu bauen, sodass im Lauf der Jahre immer neue **Türmchen, Erker und Wohnungen** entstanden.

Anfang des 14. Jahrhunderts erlebten die Burgherren ihre schwierigste Zeit, als sie mit dem Trierer Erzbischof aneinandergerieten und der den Zugang zur Anlage verstellte. Zwei Jahre konnten die Eltzer Ritter, die Reichsfreiheit erstreiten wollten, dem Kirchenmann trotzen, dann aber gaben sie auf, weil sie Hunger litten. Später vertrugen sich die Kontrahenten besser und mancher aus dem Hause Eltz schaffte sogar den Sprung auf den Trierer Bischofsstuhl.

Jahrhundertelang blieb man in dem Seitental der Mosel von allen Unbilden der Welt verschont – auch, weil die Anlage mitten im Grünen und weit weg von der nächsten Siedlung keine Rolle spielte. Inzwischen ist Burg Eltz zum **Besuchermagneten** geworden. Vor allem ausländische Touristen kommen in Scharen, um zu sehen, wie die Ritter einst lebten. Einheimische führen die Neugierigen durch ausgesuchte Räume, in denen über Jahrhunderte zusammengetragene Einrichtungsgegenstände zu bestaunen sind. Martialische Waffen – von der Turnierlanze bis zur Hellebarde – gibt es zu sehen, aber auch ein kuscheliges Himmelbett aus dem frühen 16. Jahrhundert. Salon und Schlafgemach, Kinderzimmer und Küche samt Tuffsteinofen und Hauklotz aus Eiche stehen auf dem Rundgangsprogramm – dazu ein großer **Rittersaal.** Bis heute zieren ihn ein alter Wappenfries und ein paar Narrenköpfe, welche einst die Redefreiheit versinnbildlichen sollten. Zu den Prunkstücken in der Burg gehören das **Ölgemälde „Madonna mit Kind und Weintrauben"** von Lucas Cranach dem Älteren und Tafelbilder aus der Kölner und Sächsischen Malerschule.

In den Untergeschossen hat die **Schatzkammer** mit über 500 Ausstellungsstücken aus dem 12. bis 19. Jahrhundert Platz gefunden. Gold- und Silberschmiedearbeiten wie eine meterhohe Statue des Brückenheiligen Nepomuk zieren die Glasvitrinen, in denen sich auch feinstes Porzellan, Uhren, filigran gestaltete Jagdflinten, Tabakdosen, Prunkgefäße und sakrale Gegenstände wie Monstranzen, Messkelche und Reisealtäre finden. Für das leibliche Wohl sorgen zwei Selbstbedienungsrestaurants.

› **Kastellanei Burg Eltz,** 56294 Wierschem, Tel. 02672 950500, www.burg-eltz.de, Beginn Karwoche bis 1. Nov. tgl. 9.30–17 Uhr, 14 € (Familienkarte 34 €). 35-minütige Führungen starten gewöhnlich jede Viertelstunde, bei Bedarf auch häufiger. Hunde haben keinen Zutritt zu den Innenräumen.

› **Anreise:** Per Bahn oder im Sommer mit dem Schiff ab Koblenz bis Moselkern. Von dort weiter mit dem Taxi oder zu Fuß den Elzbach entlang (ca. 90 Minuten). Autofahrer aus Koblenz gelangen über Münstermaifeld bis zum kostenpflichtigen Waldparkplatz an der Antoniuskapelle (ca. 45 Minuten). Von dort führen ein schattiger Fußweg oder ein Sträßchen weiter zur Burg. Es gibt aber auch einen kostenpflichtigen Pendelbus, der vom Parkplatz alle 10 Minuten zur Burg fährt. Von Hatzenport an der Mosel fährt auch ein Linienbus (Nr. 365) zur Burg.

35 Cochem ★★★ [Faltplan]

Kleine Stadt mit großer Burg: Cochem zählt zu den beliebtesten Ausflugsorten an der Mosel. Enge Altstadtgassen mit Fachwerkhäusern, ein mittelalterlicher Marktplatz, eine breite Uferpromenade, urige Weinlokale und gemütliche Cafés haben es zum Ferienparadies gemacht. Vor allem im Sommer und Herbst geht es hier oft feucht-fröhlich zu, wenn der Moselwein die Urlaubsstimmung hebt. Speziell an den Wochenenden drängen sich dann die Massen in Cochem, das 1332 seine Stadtrechte erhielt.

Bis zur französischen Besetzung 1794 gehörte Cochem jahrhundertelang wie Koblenz zum Kurfürstentum Trier. Im Dreißigjährigen Krieg war die Stadt belagert, wurde aber nicht erobert. Erst 1689 brannten Truppen Ludwigs XIV. im Rahmen des

Pfälzischen Erbfolgekrieges Stadt und Burg Cochem nieder. Die nächste große Katastrophe kam mit dem Zweiten Weltkrieg, der in großen Teilen der Altstadt Tod und Zerstörung brachte. Trotzdem kann sich Cochem heute sehen lassen. Vieles wurde saniert und neu aufgebaut. Besonders schön ist das samstagabends zu sehen, wenn der **Cochemer Nachtwächter** um 20.30 Uhr mit Hellebarde, Horn und Laterne Besucher durch die mittelalterliche Altstadt führt. Im nächtlichen Licht gewinnt das Städtchen neuen Charme. Die ganzjährig angebotene Tour startet an der Tourist-Information.

Länger als eine Stunde braucht man nicht für einen kleinen **Stadtrundgang.** Am besten startet man dazu auf dem Endertplatz, wo neben der Tourist-Information auch der zentrale Busbahnhof liegt. Unter der Moselbrücke hindurch führt der Weg zunächst zum Enderttor, einem Teil der alten Stadtmauer. Danach öffnet sich der Blick auf den Eingang des mehr als vier Kilometer langen **Kaiser-Wilhelm-Tunnels**, der einmal als Deutschlands längster Bahntunnel galt. Wer will, kann mit einer **Sesselbahn** (Talstation: Endertstraße) nach oben fahren und zum Pinnerkreuz laufen, von wo sich ein Traumblick auf Cochem und die Reichsburg bietet.

Zu den schönsten Stationen auf dem Stadtrundgang gehört der **Marktplatz** mit Brunnen und barockem **Rathaus.** Weiter führt die Tour zur **Martinskirche**, Cochems ältestem Kirchenbau. Viele Heiligenfiguren und eine Reliquienbüste des heiligen Martin aus dem späten 15. Jahrhundert zieren sie. Von hier sind es nur noch ein paar Meter zurück zum Endertplatz.

⌃ *Hoch über der Mosel thront die Reichsburg Cochem*

Cochems nicht zu übersehendes Wahrzeichen ist die **Reichsburg.** Mehr als 100 Meter hoch thront sie im Süden der Stadt über der Mosel; ein spätgotisches Juwel, dessen Anfänge bis weit ins Mittelalter reichen. Immer wieder wechselten die Burgherren, mal gewaltsam, mal durch Immobilienverkauf. So verpfändete Adolf von Nassau die Burg 1294 an den Trierer Kurfürsten, um seine Krönung zum König zu finanzieren. Bis zum Untergang des Kurfürstenstaats blieb die Reichsburg, welche im Pfälzischen Erbfolgekrieg zerstört wurde, dann im Besitz des Erzbistums Trier.

Nach dem Wiener Kongress fiel die Ruine dem preußischen Staat zu. Für 300 Goldmark verkaufte der sie 1868 an einen Berliner Großkaufmann, der die Burg als Sommersitz im neogotischen Stil wieder herrichten ließ. Seit 1978 gehört die Reichsburg der Stadt Cochem. Fast täglich stattfindende **Führungen** erlauben den Zutritt zu ihren im Stil der Neorenaissance und des Neobarocks gestalteten Räumen, die mit ihren Möbeln, Teppichen, Gemälden, Tapisserien und Rüstungen ritterliches Flair verströmen.

Jüngste Touristenattraktion ist ein ehemaliger Bunker der Bundesbank im Stadtteil Cond. Zur Zeit des Kalten Krieges lagerten dort Banknoten im Wert von 15 Milliarden Mark als Teil einer Notstandswährung, wie man sie etwa nach einem Atomkrieg einsetzen wollte. Heute können Besucher die Tresore in der knapp 20 Fußminuten vom Bahnhof entfernten unterirdischen Anlage besichtigen, zu der von Juli bis Oktober gelegentlich auch ein Shuttlebus (ab Endertplatz, Hin- und Rückfahrt 6 €) verkehrt.

Nur wenig weiter lockt ein **Freizeitzentrum mit riesigen Wasserrutschen.** Im Sommer geht es ins Freibad mit seinem 50-Meter-Becken, im Winter ins Hallen-Wellenbad mit Wasserfall. Dazu gibt es Solarien und eine Saunalandschaft, Kegelbahnen und Tennisplätze.

› **Anreise:** Koblenz und Cochem sind per Bahn tagsüber gewöhnlich im Stundentakt miteinander verbunden. Die Fahrzeit beträgt im Idealfall eine gute halbe Stunde. Mit dem Auto ist man über die Eifel-Autobahn eine gute Dreiviertelstunde unterwegs.

ⓘ 1 **Tourist-Information Cochem,** Endertplatz 1, 56812 Cochem, Tel. 02671 60040, www.ferienland-cochem.de, April Mo.–Fr. 9–17, Mai–Mitte Juli Mo.–Fr. 9–17, Sa. 10–14, Mitte Juli–Okt. Mo.–Fr. 9–17, Sa. 10–16, So. 10–14, Nov.–März Mo.–Fr. 9–13 und 14–17 Uhr

★2 **Bundesbank-Bunker Cochem (Cond),** Am Wald 35, Tel. 02671 9153540, www.bundesbank-bunker.de, Führungen meist tgl. um 11, 12, 13, 14 und 15 Uhr (aktuelle Öffnungszeiten auf der Website), 13 € (Familienticket 33 €), exklusive Einzelführungen um 16 Uhr (31 €), Fotoerlaubnis für private Aufnahmen 2,50 €. Der Bunker ist nicht barrierefrei, Hunde haben keinen Zutritt.

★3 **Freizeitzentrum Cochem,** Moritzburger Str. 1, Tel. 02671 97990, www.moselbad.de. Öffnungszeiten je nach Saison, Eintritt je nach Aufenthaltsdauer 6,50–12 €, Freibad 6 €

★4 **Reichsburg Cochem,** Schloßstr. 36, Tel. 02671 255, www.reichsburg-cochem.de, Mitte März–Okt. tgl. 9–17 Uhr, in den Wintermonaten eingeschränkte Burgführungszeiten, Eintritt 8,50 €, von Ostern bis Oktober gibt es sonntags um 11 und 13.30 Uhr spezielle „Geisterführungen“ für Kinder, vom Busbahnhof am Endertplatz verkehrt gewöhnlich zwischen April und Oktober der Linienbus Nr. 701 zur Burg.

KOBLENZ ERLEBEN

003ko-gs

123ko-gs

Koblenz für Kunst- und Museumsfreunde

Im Verhältnis zu seiner Größe verfügt Koblenz über eine interessante Museumslandschaft. Publikumsmagnet sind die Sammlungen auf der Festung Ehrenbreitstein 19, die jährlich bis zu einer halben Million Besucher zählen. Aber auch das renommierte Mittelrhein-Museum 1, das Ludwig Museum 7 oder die Wehrtechnische Studiensammlung der Bundeswehr 20 im Stadtteil Lützel, wo Panzer und anderes Militärgerät die Aufmerksamkeit auf sich ziehen, sind beliebt. Eine besondere Faszination geht auch von Schloss Stolzenfels 21 aus, wo es einiges zu entdecken gibt. Und wem es hier gefällt, den locken ähnlich spannende Stippvisiten auf die Marksburg 30, Burg Eltz 34, zur Sayner Hütte 26 oder zum Kloster Maria Laach 24.

Das Ludwig Museum 7 ist ein Hort moderner Kunst

Vorseite: Frühlingszauber am Koblenzer Rheinufer

Museen

M **44 DB Museum Koblenz,** Schönbornsluster Str. 14, Tel. 0261 3961338, www.dbmuseum.de, Febr.–Nov. Sa. 10–16 Uhr, Eintritt 4 € (Kinder 2 €, Familien 8 €). Anreise: Mit Bus Nr. 30 ab Koblenz Hbf zur Haltestelle Rheinkaserne, dann 300 Meter Fußweg. Alte Diesel-, Dampf- und Elektro-Lokomotiven samt Wagen zum Anfassen!

M **45** [C3] **Künstlerhaus Metternich,** Münzplatz 8, www.akm-koblenz.de, Do.–So. 16–19 Uhr, Eintritt frei. Ausstellungsraum der bildenden Künstler am Mittelrhein mit Wechselausstellungen.

⓳ [G2] **Landesmuseum Koblenz.** Kultur- und Technikschau auf der Festung Ehrenbreitstein (s. S. 45).

❼ [E2] **Ludwig Museum.** Moderne Kunst in altem Gemäuer (s. S. 29).

❶ [C3] **Mittelrhein-Museum.** Traditionsreichster Koblenzer Musentempel (s. S. 16).

M46 **Mosellum – Erlebniswelt Fischpass,** Moselstaustufe 1, Peter-Altmeier-Ufer 1, Tel. 0261 95234030, www.mosellum.de, Do.–So. 10–16.30 Uhr, Eintritt frei. Erlebnis-Schau, die das Leben am und im Fluss dokumentiert.

› **Mutter-Beethoven-Haus** (s. S. 45). Geburtshaus von Maria-Magdalena Keverich mit Museum zu ihrem Sohn.

› **Rheinisches Fastnachtsmuseum,** Fort Konstantin ⓱. Wissenswertes über das rheinische Brauchtum: Kostüme, Orden, Uniformen und mehr …

› **Rhein-Museum Koblenz** (s. S. 45). Interessante Ausstellung, die vom Leben und Alltag am und auf dem Rhein erzählt.

⓴ [Faltplan] **Wehrtechnische Studiensammlung Koblenz.** Technik, Waffen und Uniformen (s. S. 50).

Kunstgalerien

G47 [C5] **Galerie Handwerk Koblenz,** Rizzastr. 24–26, Tel. 0261 398279, www.hwk-koblenz.de (Menü: Presse & Medien/Galerie Handwerk). Gelegentliche Wechselausstellungen, internationale Weihnachtsausstellung.

G48 [C3] **Galerie Jean-Marc Laik,** Altenhof 9, Tel. 0261 17141, www.laik.de, Di.–Fr. 11–18.30, Sa. 11–14 Uhr. Die Galerie zeigt zeitgenössische Kunst (Bilder, Installationen, Skulpturen), die Ausstellungen wechseln ca. alle sechs Wochen.

G49 [D3] **Galerie Speier,** Firmungstr. 16, www.galerie-speier.de, Mo.–Fr. 9.30–18, Sa. 10–16 Uhr. Alte und moderne Kunst sowie eine große Auswahl an Bilderrahmen.

G50 [C4] **Galerie Wutzke,** Schloßstr. 32, Tel. 0261 37582, www.galerie-wutzke.de, Mo.–Sa. 9.30–18 Uhr. Ladengalerie mit regionalen Gemälden und Werken von prominenten Künstlern wie Udo Lindenberg, Otto Waalkes oder James Rizzi.

Kunst unter freiem Himmel

„Open-Air-Kunst“ begegnet man in Koblenz auf Schritt und Tritt. Besonders ins Auge fallen die vielen Denkmäler und Brunnen, die zu einem großen Teil von engagierten Bürgern oder Vereinen spendiert wurden. Einer der größten „Wasserspender“, die sogenannte **Historiensäule,** steht auf dem Görresplatz ⓯, der populärste, der **Schängelbrunnen** ⓮, im Hof des Rathauses. Witzige Brunnen, in deren Figurenvielfalt es immer wieder Neues zu entdecken gibt, finden sich auch in den Einkaufszonen – so wie in der Fischelpassage [B4], wo mit dem sogenannten **Erfinderbrunnen** ein Werk des bekannten pfälzischen Bildhauers Gernot Rumpf steht.

Auffallend sind auch zahlreiche **Denkmäler,** deren monumentalstes mit **Kaiser Wilhelm** am Deutschen Eck ❻ steht. Mitten auf dem Jesuitenplatz ⓭ verweist eine 1899 aufgestellte Statue an den in Koblenz geborenen Physiologen, Anatomen und Meeresforscher **Johannes Müller** (1801–1858). **Nikolaus von Kues,** der eine Zeit lang am Stift St. Florin wirkte, ist ein Monument auf dem Florinsmarkt ❿ gewidmet und **Joseph Görres** (1746–1848), dem großen katholischen Publizisten, eines in den Rheinanlagen vor dem Kurfürstlichen Schloss ❸. An **Peter Altmei-**

er, den ersten Ministerpräsidenten von Rheinland-Pfalz, erinnert ein modernes Monument am Moselufer 9. Und auf der Balduinbrücke [B–C2] steht ein steinernes Denkmal zu Ehren des **Erzbischofs Balduin von Luxemburg**, des kurfürstlichen Brückenstifters. Aber auch moderne **Street-Art** hat längst in der Stadt Einzug gehalten – so wie das überdimensionale Frauenporträt des in Koblenz lebenden Street-Art-Künstlers **Hendrik Beikirch** im Stadtteil Lützel (Mayener Straße [B1]). Erste Adresse für **Graffiti-Freunde** ist Lützel auch wegen der dortigen Weinbergstraße, wo sich unter der **Europabrücke** [A1] die „Graffiti-Hall-of-Fame" der Stadt findet. Die Wände werden im Rahmen der mobilen städtischen Jugendarbeit immer wieder neu besprüht und machen so deutlich, dass Kunst immer auch vergänglich ist.

In der ehemaligen preußischen Garnisonsstadt nicht fehlen dürfen die **Mahnmale** für die Toten der Kriege – von den gefallenen deutschen Veteranen des napoleonischen Heeres über die Opfer des Deutschen Kriegs 1866 und des Zweiten Weltkriegs bis zu all denen, die durch den Holocaust ihr Leben verloren haben. An die Toten des Rheinischen Feldartillerie-Regiments Nr. 8 mahnt das **Barbara-Denkmal** am Friedrich-Ebert-Ring vor der Christuskirche [C5]. Es zeigt die Schutzheilige der Artilleristen, die heilige Barbara. Im Gegensatz zu vielen anderen Denkmälern aus der Ära des Hurra-Patriotismus ruft das Barbara-Denkmal aber zum Frieden auf: Die Heilige verschließt mit der rechten Hand die Mündung eines Kanonenrohrs, während sie in der linken als Zeichen des Friedens einen Palmzweig hält.

Ganz modern in Form einer meterhohen Basaltstele kommt ein Denkmal auf dem **Rittersturz** daher, einem Felsplateau im Süden der Stadt. Dort tagten 1948 die deutschen Ministerpräsidenten, um den Weg für das Grundgesetz und die Gründung der Bundesrepublik freizumachen. Die **drei Stelen** sollen die drei Säulen der Demokratie – Legislative, Judikative und Exekutive – symbolisieren. Nicht weniger modern geben sich die rund um das Ludwig Museum 7 und einige am Rheinufer ausgestellten Kunstwerke wie die Bronzeplastik „Affection", die an die Gemeinschaft von Europa erinnern soll.

044ko-gs

Alter und neuer Kunst begegnet man auf Schritt und Tritt wie hier unweit des Deutschen Ecks 6

Koblenz für Genießer

Viele Hundert gastronomische Betriebe gibt es in und um Koblenz. Vor allem in der Altstadt und an Mosel und Rhein ballen sich die Restaurants, Biergärten und Weinlokale. Mit David Weigang im Verbene (s. S. 90) und Mike Schiller in Schillers Manufaktur (s. S. 90) hat Koblenz sogar zwei amtierende Sterneköche. Aber auch die anderen Männer und Frauen am Herd wie der ehemalige Sternekoch Frank Seyfried im Gotthardt's (s. S. 89) oder Georg Gerhard in Gerhards Genussgesellschaft (s. S. 89) müssen sich mit ihren kulinarischen Kreationen nicht verstecken.

So bleibt auch in Koblenz allen Durstigen und Hungrigen die Qual der Wahl zwischen Fast Food, internationaler und regionaler Küche, Sushi, Tapas, Pizza und Döner. Und auch der Trend zu vegetarischer oder veganer Küche hat an der Moselmündung seine Spuren hinterlassen. Traditionelle Weinwirtschaften wie das Weinhaus Hubertus (s. S. 94) oder die Winninger Weinstube (s. S. 94) finden sich neben Bistros und Backstationen, Eiscafés und Imbissbuden, die sich so ähnlich allerdings in fast jeder größeren Stadt finden.

Wurst und Käse, Fisch und Fleisch bestimmen gewöhnlich den Küchenzettel in Koblenz, aber auch Brot, Suppen, Salate und Gemüse stehen auf dem **Speiseplan.** Eine große Rolle kommt auch dem heimischen Obst zu. So saßen schon im 19. Jahrhundert Frauen mit großen Körben auf der alten, damals noch nicht festen Rheinbrücke, um frisches Obst zu verkaufen. Koblenzer Bestseller aber sind auch heute noch **Kartoffeln,** die seit dem 18. Jh. in immer neuen Varianten auf den Tisch kommen und im Dialekt als „Krombiere" („Grumbiere") firmieren.

Kartoffeln sind dann auch die wichtigste Zutat der einheimischen Küche, etwa für den in Koblenz „Debbekooche" genannten **Dippekuchen.** Außerhalb der Stadt ist er unter an-

Rund um die Moselmündung laden mehr als 200 gastronomische Betriebe zum Essen und Trinken

045ko-gs

Zum Nachkochen: „Himmel und Erd"

- **Zutaten (für 4 Personen):** 1 Kilo Kartoffeln, 1 Kilo Äpfel, 100 g durchwachsener Speck, 20 g Butter, 2 Zwiebeln, eine Prise Zucker, ein bis zwei Ringe Blutwurst (oder je 1 Ring Blut- und grobe Leberwurst, je nach Geschmack), etwas Mehl
- **Zubereitung:** Kartoffeln und Äpfel schälen und grob würfeln. Die Kartoffeln mit etwas Wasser aufsetzen und halb garen. Dann die Apfelstücke zugeben und mit einer Prise Zucker und Salz würzen. Alles zusammen gar kochen. Eventuell noch Wasser zugeben, sodass ein Mus entsteht. Währenddessen den Speck auslassen, Zwiebeln zugeben und leicht bräunen. Die Wurst in grobe Scheiben schneiden, in Mehl wenden und in Butter anbraten. Zum Schluss kommt das heiße Mus auf den Teller, darauf die Wurst und darüber die Speck-Zwiebeln. Guten Appetit!

derem als „Dibbelabbes", „Kulles", „Krumbierekooche" oder „Kesselsknall" bekannt. In der Regel besteht der Dippekuchen – eine alte rheinische Spezialität und ursprünglich ein „Arme-Leute-Essen" – aus geriebenen Kartoffeln, die in der Regel mit Zwiebeln, Speckstreifen oder Mettwurststückchen, Eiern und in Milch eingeweichten Brötchen (alternativ: Semmelbrösel) zu einem Teig vermengt werden. Dieser wird anschließend in der Pfanne unter ständigem Wenden oder im gusseisernen Bräter im Ofen knusprig gebraten. Serviert wird Dibbekuchen meist mit Apfelbrei, hin und wieder auch mit einem grünen (Endivien-)Salat.

Gern kombiniert die traditionelle Koblenzer Küche Salziges mit Süßem – so wie bei **„Himmel und Erd"**, einem der Lieblingsgerichte der Einheimischen. Dahinter verbergen sich gebratene Blut- und Leberwurst, die Kartoffeln und Apfelbrei ergänzen. „Himmel und Erd" wird gern in Traditionslokalen wie der Winninger Weinstube (s. S. 94) angeboten.

Sozusagen vor der Haustür wächst der **Wein**, der ein gutes Essen begleiten kann, vor allem der Riesling, der manches Menü verfeinert. Aber auch Weißburgunder oder Portugieser reifen in der Stadt, wo sich das **Anbaugebiet Mittelrhein** mit dem **Anbaugebiet Mosel** trifft. Die Koblenzer Reblanlagen umfassen rund 40 Hektar Fläche.

Aber auch **Biertrinker** kommen in der Region auf ihre Kosten. Inmitten der Altstadt findet sich der **Beer Room** der Gutsbrüder, eine Altstadtkneipe, in der Craftbeer ausgeschenkt wird. Es wird in Koblenz produziert und auch in Dosen abgefüllt.

51 [C3] **Gutsbrüder – Beer Room**, An der Liebfrauenkirche 9, www.gutsbrueder.com/Beer-Room/, Mi., Do. 18–23, Fr. 18–1, Sa. 14–1, So. 14–18 Uhr

Zwei Brauereien befinden sich im benachbarten Lahnstein, wo neben der **Lahnsteiner Brauerei** mit **Maximilians Brauwiesen** (s. S. 94) eine klassische Gasthausbrauerei mit eigenem Ausschank nebst großem Biergarten zu Hause ist. Ausgeschenkt werden ausnahmslos naturtrübe, unfiltrierte Biere aus verschiedenen Malzsorten. Zu den saisonalen Spezialitäten zählt ein aromareicher, kalt und heiß gehopfter Doppelbock im Januar, der mit einem Alkoholgehalt von 8,8 Vol.-% unter dem Namen „Blondes Biest" ausgeschenkt wird.

In den Sommermonaten dagegen soll ein leicht spritziges Sommerweizen (2,8 Vol.-%) den Durst löschen.

52 **Lahnsteiner Brauerei,** Sandgasse 1, Lahnstein, Tel. 0261 91740, Mo.-Fr. 7.30-15.30 Uhr, nur Verkauf

Empfehlenswerte Restaurants

53 [D3] **adaccio** €€, Firmungstr. 2, Tel. 0261 1005833, www.adaccio.de, So.-Mi. 10-24, Do. 10-1, Fr., Sa. 11-1 Uhr. Beliebte Ausgehadresse, vor allem wegen der schönen Außenterrasse. Italienisch inspirierte Küche mit Pizza, Pasta und saftigen Steaks, auch glutenfrei möglich.

54 [D3] **Einstein** €€, Firmungstr. 30, Tel. 0261 9144999, www.einstein-koblenz.de, So.-Do. 9-24, Fr., Sa. 9-2 Uhr. Beliebter Treffpunkt in der Altstadt. Täglich Frühstücksbuffet und wechselnder Mittagstisch, abends Cocktailparadies. Hunde sind willkommen.

55 [E2] **Gerhards Genussgesellschaft** €€-€€€, Esther-Bejarano-Str. 3, Tel. 0261 91499133, www.gerhards-genussgesellschaft.de, Mi.-Sa. 17.30-23, So. 12-14.30 und 17.30-23 Uhr. Gehobene Küche mit wöchentlich wechselnder Speisekarte unweit des Deutschen Ecks, große Terrasse mit schönem Blick auf die Kastorkirche. Zu den Klassikern des Hauses gehören die Filetspitzen vom Eifel-Schwein. Es gibt auch Menüs für Vegetarier.

› **Gotthardt's** €€€, im Hotel Fährhaus (s. S. 129), Tel. 9361 20171900, https://faehr.haus/restaurant-gott

Restaurantkategorien

Preis für ein Dreigangmenü ohne Getränke:

€	bis 25 €
€€	25-45 €
€€€	über 45 €

Gastro- und Nightlife-Areale

Bläulich hervorgehobene Bereiche in den Karten kennzeichnen Gebiete mit einem dichten Angebot an Restaurants, Bars, Clubs, Discos etc.

Das Restaurant Landgang (s. S. 90) befindet sich wie das Gotthardt's im Hotel Fährhaus an der Mosel

111ko-gs

hardts, Mi.-Sa. ab 18 Uhr. Gourmetrestaurant mit nur 18 Plätzen, Menüs ab 135 €.

56 [C3] **SauBar** €-€€, Münzstr. 16a, Tel. 0261 98862266, www.saubar-koblenz.de, Di.-Do. 16-23, Fr., Sa. 12-23 Uhr (Küche bis 22 Uhr). In einem Altstadt-Hinterhof gelegen mit windgeschützter Außenterrasse. Deutsche Regionalküche mit Frischegarantie.

57 **Schillers Manufaktur** €€€, Mayener Str. 126, Tel. 0261 963530, www.hotel-stein.de, Mo.-Sa. 18-22 Uhr. Koblenzer Topadresse für alle Genießer im Vorort Lützel. Die Sterneküche verwöhnt mit feinsten Menüs und ausgesuchten Weinen.

58 [C3] **Verbene** €€€, Florinspfaffengasse 7, Tel. 0261 10046221, www.restaurant-verbene.de, Mi.-Sa.

Meine Tipps

Essen mit Aussicht

› **Landgang** €€-€€€, im Hotel Fährhaus (s. S. 129), Tel. 0261 20171900, https://faehr.haus/restaurant-landgang, tgl. 12-14 und 18-22.30 Uhr. Hotelrestaurant am Moselufer im Vorort Metternich. Täglich wechselndes 3-Gänge-Menü. Küchenchef ist der ehemalige Sternekoch Frank Seyfried, der französisch-mediterrane Gerichte in stylishem Ambiente serviert. Bei schönem Wetter ist auch die große Terrasse ein echter Wohlfühlort.

Lecker vegetarisch

59 [A3] **Kraut & Rüben** €, Moselweißer Str. 34, Tel. 0261 57934946, www.kraut-und-rueben.com, Mo. 11-16, Di.-Fr. 11-19 Uhr. Bowls aller Art mit leckeren Soßen aus Honig, Senf, Chili oder Curry. Süßmäuler locken Brownies, Muffins und Kuchen zum Cappuccino.

› Auch im **Café Pfefferminzje** (s. S. 91) und im **Stadtflair** (s. S. 91) wird besonders auf die Bedürfnisse von Vegetariern/Veganern Rücksicht genommen.

Der erste Kaffee

60 [D3] **Galestro**, Firmungstr. 36/Jesuitenplatz 13, Tel. 0160 90729090, www.galestro.com, Mo.-Sa. 9-21, So. 12-19 Uhr. Espressobar mit Theke aus Carrara-Marmor und großer Außenterrasse auf einem der schönsten Plätze der Stadt. Espressi aller Art. Im Sommer hilft ein Latte Macchiato Freddo auf die Beine – ein Espresso mit kalter Milch und Eiswürfeln.

› **Stadtflair** (s. S. 91), beliebte Frühstückslocation

Für den späten Hunger

Das Restaurant **adaccio** (s. S. 89) hat bis mindestens Mitternacht geöffnet.

Latte Macchiato Freddo: Sommervergnügen auf dem Jesuitenplatz [D3]

089ko-gs

18.15–23.30 Uhr. Gaumenkitzel in Vollendung – Sternekoch und Küchenchef David Weigang und seine Crew kreieren abends ein alle paar Wochen wechselndes Menü in vier bis sechs Gängen, gern auch komplett vegetarisch. Bei der Wahl der Zutaten wird auf regionale Erzeuger gesetzt.

61 [E3] **Verbene Bistro** €€€, Rheinstraße 2A, Tel. 0261 97352270, www.verbene-bistro.de, Mi.–Sa. 12–22, So. 17–20 Uhr. Der „kleine Bruder" des Sternerestaurants Verbene, wöchentlich wechselnde, kleine Lunchkarte mittags, abends ein dreigängiges Menü oder Auswahl aus einer kleinen Karte.

Für den kleinen Hunger und Geldbeutel

62 [C3] **Café Bistro Pfefferminzje**, Mehlgasse 12, Tel. 0261 2017777, www.pfefferminzje.de, tgl. 9–18 Uhr. Biozertifiziertes Bistro in der Altstadt mit vielen Frühstücksangeboten, leckeren Pfannkuchen sowie selbstgemachten Torten und Kuchen. Werktags gibt es wechselnden Mittagstisch. Besonders auf ihre Kosten kommen auch Vegetarier und Veganer. Übrigens: Langschläfer können hier bis 17 Uhr frühstücken.

63 [C4] **Essgeschäft**, Altlöhrtor 30, Tel. 0261 91499370, www.essgeschaeft.de, Mo.–Fr. 11.30–16.30, Sa. 11.30–17 Uhr. Café mit täglich frischen Mittagsgerichten und einer Tagessuppe unter 10 €. Süßmäulchen erwarten feinste Kuchen und Torten. Panini und Salate runden die Speisekarte ab. Gekocht wird ohne Geschmacksverstärker und künstliche Aromen und bevorzugt mit saisonalen Zutaten.

64 [C3] **Frittenwerk,** Marktstr. 1, Tel. 0261 57943980, www.frittenwerk.com, Mo.–Do. 11–21, Fr., Sa. 11–23, So. 11.30–21 Uhr. Fritten satt, dazu Dips, Salate, Currywurst und mehr.

65 [B6] **Im Süden Feinkost und Kochbar** €, Markenbildchenweg 30, Tel. 0261 29670990, www.imsüden-feinkost-kochbar.de, Di., Sa. 17.30–22.30, Mi.–Fr. 12–14.30, 17.30–22.30, So. 17.30–21.30 Uhr. Pizzen und Pasta aller Art in unmittelbarer Bahnhofsnähe, auch glutenfreie Gnocchi in Salbeibutter.

66 [D3] **Semano's** €, Firmungstr. 26, Tel. 0261 9736121, www.semanos.de, Mo.–Sa. 11–20 Uhr. Hausgemachte Pasta, Antipasti und Salate beim Italiener in der Altstadt.

67 [C3] **Stadtflair,** Gemüsegasse 8, Tel. 0261 39051783, https://stadtflair-koblenz.eatbu.com, Mo.–Sa. 9–22, So. 9–21 Uhr. Lokal im Zentrum der Altstadt, das mit Suppen, Salaten sowie Pfann- und Flammkuchen punktet. Hervorragend sind zudem die frischen Kuchen und Torten, auch in veganen Varianten.

68 **Zentralmensa Universität Koblenz** €, Universitätsstr. 1, Tel. 0261 2871100, www.studierendenwerk-koblenz.de, Mo.–Fr. 11.15–14.15 Uhr. Zentralmensa im Vorort Metternich. Tgl. wechselnde Dreigangmenüs, darunter auch ein vegetarisches. Cafeteria: Mo.–Fr. 7.30–15 Uhr.

69 [C3] **Zum Eßkesselchen – Max&Moritz Grill,** An der Liebfrauenkirche 4, Tel. 0261 91499890, Mo. 17–21, Di.–Sa. 12–22 Uhr. Nostalgische Imbissbude in der Altstadt. Currywurst mit Pommes oder Bratwurst mit Brötchen.

Cafés und Eissalons

70 [B6] **Brustolon Eiscafé,** Bahnhofplatz 1, Tel. 0261 37951, www.eiscafe-brustolon.de, März–Okt. Mo. 10–21, Di.–Fr. 10–22, Sa. 11–22, So. 12–22 Uhr. Familienbetrieb mit italienischen Eisspezialitäten.

71 [B6] **Café Guglhupf,** Emil-Schüller-Str. 31, Tel. 0261 88977765, www.face

090ko-gs

MEIN TIPP

Eis für Leckerschmecker

In Internetforen wird **eGeLoSIa** gern als Deutschlands beliebtester Eissalon gelobt. Oft sprechen dafür auch die langen Schlangen vor dem Straßenschalter. Durch eine große Glasscheibe kann man den Eismachern im „Eislabor" bei ihrer Arbeit zusehen. Auf Geschmacksverstärker und Konservierungsstoffe wird komplett verzichtet. Im Angebot sind mehr als zwei Dutzend Sorten, darunter Geschmacksrichtungen wie After Eight, Mon Cherie, Zuppa Inglese, Macadamia, Tiramisu, Ricotta mit Pflaume und Panna Cotta Karamell, dazu Sorbets wie Maracuja, Mango, Cassis, Zitrone, Erdbeer oder Schokosorbet.

75 [C3] **eGeLoSIa**, Braugasse 6, Tel. 0261 1334264, www.egelosia.de, tgl. ab 11 Uhr

book.com/cafeguglhupf, tgl. 9–18 Uhr. Café in Bahnhofsnähe mit hausgemachten Kuchen, aber auch Suppen und Salaten. Reichhaltiges Frühstück.

72 [C3] **Café Werrmann,** Marktstr. 11–13, Tel. 0261 33463, www.cafe-werrmann.de, Mo.–Sa. 8–18, So. 10–18 Uhr. Gemütliches Traditionscafé mit großer Außenterrasse. Spezialität sind die hausgemachten Käsekuchen!

73 [C4] **Kaffeejunge,** Casinostr. 46, Tel. 0261 91489030, www.kaffeejunge.com, Mo.–Sa. 9–18 Uhr. Café-Bar in Schlossnähe, die unter anderem mit feinsten Pralinen die Geschmacksnerven kitzelt.

74 [C3] **Laibgenuss**, Löhrstr. 4, Tel. 0261 92224411, tgl. 9.30–18 Uhr. Gemütliches Café-Bistro in der Fußgängerzone. Das Frühstück wird stilvoll in einer Etagere serviert. Die Kuchen und Torten sind selbstgemacht, die veganen Nussecken eine Spezialität des Hauses.

157 [B5] **Ulrikes Kulturbackhaus,** Löhrstr. 111, Tel. 0261 91499179, Mo.–Sa. 7–13, So. 8–13 Uhr. Café-Bistro mit leckeren Kuchen, Brötchen, aber auch Pizza, Pasta und Salaten. Beliebter Frühstücksplatz, zu dem man auch seinen Hund mitnehmen darf.

Im Sommer locken Terrassenwirtschaften wie das adaccio *(s. S. 89)*

Koblenz am Abend

Das Angebot an Kultur in Koblenz ist groß. Es reicht vom Orchesterkonzert bis zum Clubbing, vom Rockevent bis zum Kleinkunstabend, vom klassischen Ballett bis zum Free Jazz. Für **Theaterliebhaber** gibt es allen voran das Stadttheater: ein Mehr-Sparten-Haus, das mit vielen Inszenierungen, darunter auch Erstaufführungen, von sich reden gemacht hat. Häufig gibt es Konzerte, Comedy-Abende, Musicals, Revuen u. a., da Koblenz mit der Rhein-Mosel-Halle und der CGM-Arena (s. S. 95) auch zwei große **Veranstaltungsorte** bietet. In der „fünften Jahreszeit" sollte man die Gelegenheit nutzen, in einer **Karnevalssitzung** rheinische Lebensfreude zu tanken.

Bekannt ist Koblenz auch für seine **Musikszene.** Zudem verfügt die Stadt mit dem **Café Hahn** und der **Kulturfabrik** über fast ganzjährig bespielte **Kleinkunstbühnen.**

Für abendliche Geselligkeit sorgen während der Semester auch die **Studenten** – die Nächte auf Samstag und Sonntag oder vor Feiertagen kann man durchfeiern. **Partyzentrum** ist die Altstadt, wo die Feierlaune nicht selten auch feucht-fröhlich ist. Vor allem rund um die Burgstraße [C2] ballen sich die Kneipen. Im Sommer sind Cocktails der Renner in den Altstadtlokalen. Ganz anders geht es in den **Biergärten** und **Weinkneipen** zu, die Koblenz so l(i)ebenswert machen.

Smokers' Guide

Das **Nichtraucherschutzgesetz** von Rheinland-Pfalz verbietet das Rauchen in Gaststätten und Clubs. Willkommen sind Raucher hier:

- **76** [D3] **Mephisto,** Eltzerhofstr. 3, www.facebook.com/Mephisto.Koblenz, Di.–Do. 19–1, Fr., Sa. 19–3 Uhr. Kultkneipe in der Altstadt mit vorwiegend jungem Feiervolk und gelegentlich Livemusik.
- › **La Casa del Habano Lounge** im Pipe House (s. S. 99), Mo.–Fr. 11–18, Sa. 11–16.30 Uhr. Raucherlounge im Traditionsgeschäft für Tabakwaren (2. Stock). Traditioneller Treff von Pfeifen- und Zigarrenrauchern.

091ko-gs

Ausgesuchte Weinstuben

77 [D5] **Weindorf Koblenz,** Julius-Wegeler-Str. 2, Tel. 0261 1337190, www.weindorf-koblenz.de, Mi. ab 15, Do., Fr. ab 12, Sa., So. ab 11 Uhr, im Winter verkürzte Öffnungszeiten. In den vier Häusern des Weindorfs werden vor allem Erzeugnisse Koblenzer Winzer ausgeschenkt, aber auch Weine aus anderen Regionen.

78 **Weingut Weinhaus Wagner,** Mühlental 23, Tel. 0261 73614, www.wein-wagner.de, Mi.-Sa. ab 16, So. ab 15 Uhr. Weinwirtschaft mit Sommergarten im Stadtteil Ehrenbreitstein mit gutbürgerlicher, einfacher Küche.

79 [C2] **Weinhaus Hubertus,** Florinsmarkt 6, Tel. 0261 31177, weinhaus-hubertus.de, Do.-Mo. 16-22 Uhr. Stammlokal vieler älterer Koblenzer in einem Fachwerkhaus von 1689. Vorwiegend Weine aus Koblenz und Umgebung sowie traditionelle Gerichte wie Sauerbraten, Kartoffelsuppe, Rumpsteak oder gebratene Schweinemedaillons.

80 **Weinhaus Schwaab,** Winninger Str. 84, Tel. 0261 9224483, www.weinhausschwaab.de, Mi.-So. 15-22 Uhr. Restaurant im Stadtteil Metternich mit ländlicher Küche zu Füßen des Marienbergs, einer Steillage mit besten Moselweinen. Die Küche punktet mit einfachen Speisen, zu denen Käse und Salate ebenso gehören wie Suppen. Gutes Preis-Leistungs-Verhältnis.

81 [E3] **Winninger Weinstuben,** Rheinzollstr. 2, Tel. 0261 38707, www.winninger-weinstuben.de, Mi.-Sa. 16-22 Uhr. Weinstube mit schöner Außenterrasse am Rhein. Spezialität ist neben regionalen Weinen der Flammkuchen. Besonders munden auch der vegetarische Winzerteller (hausgemachte Spinatknödel in würziger Käsesoße) oder gebackene Blut- und Leberwurst auf Rösti mit Apfelkompott. Schweinshaxen werden in den Weinstuben natürlich in Riesling eingelegt.

Biergärten und Sommer-Lounges

82 [F4] **Cuvée Lounge,** Rheinsteigufer 1, Tel. 0261 97070, www.diehls-hotel.de. Nur bei gutem Wetter geöffnete Freiluft-Lounge (Kernzeit 16-22 Uhr) mit Selbstbedienung im rechtsrheinischen Ehrenbreitstein. Ein schönes Plätzchen, um den Sonnenuntergang am Rheinufer zu genießen.

83 [E2] **Königsbacher Biergarten am Deutschen Eck,** Esther-Bejarano-Str. 2, Tel. 0261 9142323, www.koenigsbacher-biergarten.de, Ostern-Anf. Okt. Mo.-Do. 10-24, Fr.-So. 10-1 Uhr. Vielbesuchter Touristen-Treff mit 800 Sitzplätzen nahe dem Kaiser-Wilhelm-Denkmal. Einfache Küche vom Spießbraten bis zum Flammkuchen.

84 **Maximilians Brauwiesen,** Didierstrasse 25, Tel. 02621 926060, www.maximilians-brauwiesen.de, Do., Fr.

125ko-gs

In den meisten Weinstuben – wie hier im Weinhaus Hubertus – wird traditionelle Küche serviert

16–23, Sa. 12–23, So. 12–22 Uhr. Hausbrauerei im an Koblenz grenzenden Örtchen Niederlahnstein mit regionaler, deftiger Küche. Im Sommer lockt ein großer Biergarten direkt am Rheinufer.

- **85 Statt Strand Koblenz,** am Ende der Universitätsstraße, www.statt-strand-koblenz.de, Mitte Mai–Okt. tgl. 10–1 Uhr. Mittelmeer-Feeling im Stadtteil Metternich. Palmen und Liegestühle verschönern auf künstlichem Sandstrand den Sommer an der Mosel. Cocktailbar mit großem Angebot.

Theater und Konzerte

So bunt wie die Museumslandschaft ist auch das übrige Kulturleben in Koblenz. Es gibt in der Stadt einige **Theater,** Chöre und ein renommiertes Orchester, die **Rheinische Philharmonie.** Sie ist im Görreshaus zu Hause und bestreitet neben Opernproduktionen jährlich auch mehr als eine Handvoll großer Sinfoniekonzerte.

Alte Musik auf historischen Instrumenten pflegt die **Cappella Confluentes** (www.cappellaconfluentes.com), die ebenfalls zur Bereicherung der Konzertlandschaft beiträgt.

Stolz ist man am Zusammenfluss von Rhein und Mosel auch auf die alternative **Musikszene,** die immer wieder neue Solokünstler und Formationen hervorbringt. Und nicht zuletzt pflegen literarische, wissenschaftliche und kirchenmusikalische Gesellschaften, Gesangvereine und Spielmannszüge das kulturelle Erbe der Stadt.

86 CGM Arena (Sporthalle Oberwerth), Jupp-Gauchel-Str. 10, Tel. 0261 91210, www.cgm-arena.de. Multifunktionale Arena für bis zu 5000 Besucher. Schauplatz von Sportveranstaltungen, Fachmessen, Konzerten und Unterhaltungsshows.

Mein Tipp

Café Hahn – Kleinkunst mit Tradition

Seit Jahrzehnten ist das Café Hahn im Stadtteil Güls eine der ersten Kleinkunstadressen am Mittelrhein. Der Club präsentiert Livemusik, Kabarett und Comedy. Jazz-, Blues-, Country- und Rockstars wie Dave Brubeck oder Joe Zawinul traten hier ebenso auf wie die Kabarett-Epigonen Dieter Hildebrandt und Ingo Appelt. Besonders populär sind die Varieté-Shows zu Weihnachten und Ostern oder die Fastnachtsshow „Rosa Bütt“.

- **90 Café Hahn,** Neustr. 15, Tel. 0261 42302, www.cafehahn.de, Mo.–Fr. 9–17.30, Sa. 12–17.30 Uhr. Kleinkunstprogramm, vor allem abends, aber auch nachmittags.

87 [D3] **Görreshaus,** Eltzerhofstr. 6A, Tel. 0261 3012272, www.rheinische-philharmonie.de. Für seine Akustik gerühmtes Konzerthaus. Probenraum und Spielstätte der Rheinischen Philharmonie.

88 Kulturfabrik Koblenz (KUFA), Mayer-Alberti-Str. 11, Tel. 0261 85280, www.kufa-koblenz.de. Theatersaal mit bis zu 350 Plätzen in einer alten Fabrikhalle im Stadtteil Lützel. Neben Gastspielen aus den Bereichen Theater, Tanz, Kabarett, Kleinkunst, Musical und Chanson produzieren freie Theatergruppen eigene Programme.

- **89** [D5] **Rhein-Mosel-Halle,** Julius-Wegeler-Str. 4, Tel. 0261 914810, www.koblenz-kongress.de. Riesiges Tagungszentrum mit Räumen für bis zu 1400 Teilnehmer. Der große Saal bietet u. a. Konzerten, Bällen oder Firmenpräsentationen Raum.

2 [D4] **Theater Koblenz.** Städtisches Mehrspartenhaus mit Musik- und Puppentheater, Schauspiel und Ballett.

Bars und Musikkneipen

91 [D3] **Daddy O's,** Eltzerhofstr. 1, Tel. 0176 80074458, Di.-Do. 20-1, Fr.-Sa. 20-3 Uhr. Cocktailbar mit wenigen Sitzplätzen. Hat man einmal einen Platz gefunden, bleibt bei mehr als einhundert Cocktails immer die Qual der Wahl!

92 [C3] **Gecko Lounge,** Gemüsegasse 14a, Tel. 0261 1004334, www.geckolounge.de, Mi., Do. 18-1, Fr., Sa. 18-4 Uhr. Cocktailbar in der Altstadt. Bis 20 Uhr gibt es eine Happy Hour.

93 [D3] **McCoy,** Josef-Görres-Platz 18, Tel. 0261 92179902, www.mccoy-bar.de, Fr., Sa. 19-1 Uhr. Gemütliche Bar für alle, die Gin und Rum mögen und Highballs lieben. Gelegentlich finden auch Tastings statt.

94 [B3] **Spökes,** Weisser Gasse 19-25, Tel. 0261 29671819, www.spoekes-koblenz.de, So.-Do. 19-2, Fr., Sa. 19-4 Uhr. Große Bar mit noch größerem Spielangebot wie Billard, Darts und Schach.

Clubs, Discos und Co.

95 [C4] **Circus Maximus,** Stegemannstr. 30, Tel. 0261 3002358, www.circus-maximus.org, Mi.-Do. 17-1, Fr., Sa. 17-3 Uhr. Bar, Bistro und Club unter einem Dach. Großes Angebot an Partys, Lesungen, politischen Veranstaltungen und Livekonzerten.

96 [C2] **Druckluftkammer,** Florinsmarkt 1A, Tel. 0261 2961100, www.druckluftkammer.de, Do. 19-1, Fr., Sa. 22-4 Uhr. Beliebte Diskothek in einem Kellergewölbe, die mit Heavy Metal, Gothic und anderen alternativen Klängen junge Leute zum Tanzen lockt, gelegentlich auch Konzerte. Zum beeindruckenden Getränkeangebot gehören unter anderem über einhundert Sorten Absinth.

Koblenz zum Stöbern und Shoppen

Kleine Stadt mit großem Einkaufsangebot: In Koblenz sind Shoppingfans gut aufgehoben, schließlich ballen sich dort Einkaufspaläste wie das Löhr-Center und das Forum Mittelrhein neben Fachmärkten und Boutiquen. Allein in der City buhlen viele Hundert Einzelhändler auf einer Gesamteinkaufsfläche von über 100.000 Quadratmetern um Kunden. Und zahllose Firmen drängen sich in einem Gewerbepark im Norden von Koblenz – darunter ein paar Outlets für Markenklamotten. Schnäppchenjäger finden in der Umgebung von Koblenz zudem interessante Werksverkäufe.

Mehr als eine Milliarde Euro, so heißt es, werden im Großraum Koblenz jährlich im Einzelhandel umgesetzt. Für bis zu eine Million Menschen entlang der Mosel und des Rheins, vor allem aber aus den ländlichen Gebieten des Hunsrücks, der Eifel und des Westerwalds, ist Koblenz *die* Einkaufsstadt. Das spürt man vor allem samstags, wenn die Stellplätze in den Parkhäusern schon frühmorgens knapp werden.

Das meiste Geld wird in der City ausgegeben. Beliebteste Einkaufszone sind die **Löhrstraße** und das **Löhr-Center** in der Nachbarschaft, das gleich auf drei Ebenen mit mehr als einhundert Läden, Restaurants, Cafés und Dienstleistern aufwartet. Zu den Einkaufsmagneten zählt auch das **Forum Mittelrhein**, in dem ebenfalls fast einhundert Händler und Gastronomen ihre Dienste anbieten. Trotz der beiden großen Shoppingzentren sollte man aber die kleinen, meist **inhabergeführten Läden in der Altstadt** nicht vergessen – etwa entlang des Entenpfuhls oder der Firmungstraße, wo hochwertige Mode und Schuhe im Angebot sind. Schließlich bewirtschaften noch immer zahlreiche Einzelhändler Verkaufsflächen von jeweils weniger als 100 Quadratmetern. Da lohnt sich das Bummeln und Preisevergleichen!

Souvenirs

In Koblenz fällt die Suche nach einem Mitbringsel nicht leichter als anderswo. Ein paar Adressen aber können bei der Suche besonders punkten. Dazu zählt der gut sortierte Shop in der Tourist-Information im Forum Confluentes (s. S. 121). Wein, Likör und Sekte, Süßigkeiten und andere Angebote aus der Region gibt es dort – und kleine Nettigkeiten, die Koblenz-Feeling vermitteln sollen. Wer das beim Morgenkaffee schon genießen will, dem seien die **Koblenz-Tassen** empfohlen. Immer eine gute Einkaufsadresse sind die **Museumsshops**, die die Laune mancher Souvenirsucher anheben können.

Ausgefallene Mitbringsel finden sich auch im etwas versteckt gelegenen **Kunstgässchen** (Münzstr. 8, [C3]), einem kleinen Basar am Münzplatz – vom Kaschmirschal bis zu handgeschöpftem Papier aus Nepal, von handgefertigten Klangschalen bis zu feinem Modeschmuck.

Einkaufszentren

97 [C4] **Forum Mittelrhein,** Zentralplatz 2, Tel. 0261 2935870, www.forum-mittelrhein.com, Mo.–Sa. 10–20 Uhr. Knapp 100 Geschäfte auf 20.000 m² Verkaufsfläche – vom Schuhgeschäft bis zur Wäscheboutique, dazu Restaurants und Lebensmittelläden.

117ko-gs

98 [B3] **Löhr-Center,** Hohenfelder Str. 22, Tel. 0261 133906, www.loehr-center.de, Mo.–Sa. 10–20 Uhr. Mit mehr als 30.000 m² ist es das größte Einkaufszentrum der Stadt. Rund 140 Fachgeschäfte bieten auf drei Ebenen unter anderem Textilien, Schuhe, Accessoires und Lebensmittel an.

Buchhandlungen

99 [C3] **Buchhandlung Heimes,** Entenpfuhl 33–35, Tel. 0261 33493, www.buchhandlung-heimes.de, Mo.–Fr. 11–18, Sa. 11–16 Uhr. Traditionsbuchhandlung in der Altstadt, gelegentlich Lesungen.

Shoppingcenter wie das Forum Mittelrhein laden zum Einkaufsbummel

049ko-gs

🔒**100** [B5] **Buchhandlung Reuffel (1),** Löhrstraße 92, Tel. 0261 303070, www.reuffel.de, Mo.-Fr. 9.30-19, Sa. 9.30-18 Uhr. Großer Buchladen in Bahnhofsnähe mit eigenem Café. Filiale:

🔒**101** [C4] **Buchhandlung Reuffel (2),** Altlöhrtor 32, Kontaktdaten s. o., Mo.-Fr. 9.30-19, Sa. 9.30-18 Uhr

› **Thalia Buchhandlung,** Löhr-Center (s. S. 97), Tel. 0261 133930, www.thalia.de, Mo.-Sa. 10-20 Uhr. Großbuchhandlung, die neben Büchern auch Papierwaren und Geschenkartikel bietet.

Mode

🔒**102** [D3] **Leonardo-Outlet,** Firmungstr. 24, Tel. 0261 36187, www.leonardo-schuhe-koblenz.de, Mo.-Sa. 10-19 Uhr. Innenstadt-Outlet der Schuhkette mit vielen Schnäppchen, weitere Verkaufsstellen in unmittelbarer Nachbarschaft. Da lässt sich auch bei Markenschuhen einiges sparen!

🔒**103** [C3] **Werner Christ Store,** Entenpfuhl 29, Tel. 0261 9145355, www.wernerchrist.com, Mo.-Sa. 10-18 Uhr. Hochpreisige Ledermode wie Jacken und Mäntel, deren Material aus einer familieneigenen Gerberei in Uruguay stammt.

Shoppingareale

Die wichtigsten Shoppingbereiche der Stadt sind im Kartenmaterial mit einer rötlichen Fläche markiert.

Antiquitäten und Gebrauchtes

🔒**104** [D3] **Antiqitäten und Alte Kunst H. Knödgen,** Firmungstr. 9, Tel. 0261 32391, www.antiquitaeten-knoedgen.de, Mo.-Fr. 10.30-13 und 14.15-18, Sa. 10.30-16 Uhr. Möbel und Skulpturen, Schmuck und Gemälde, darunter auch schöne Bilder im Stil der Rheinromantik.

Die Löhrstraße [B4-6] ist die populärste Koblenzer Einkaufsmeile

105 [C4] **Auktionshaus Lux,** Schloßstr. 5, Tel. 0261 36333, www.auktionshaus-lux.de, Mo.–Fr. 10–18, Sa. 10–14 Uhr. Antiquitäten und mehr. Mehrmals jährlich Versteigerungen!

106 [D3] **Glanz & Design,** Rheinstr. 25, Tel. 0261 9144039, www.glanzunddesign.de, Di.–Fr. 10–18, Sa. 10–15 Uhr. Designobjekte aus dem 20. Jahrhundert: Möbel, Leuchten, Küchenutensilien, Pop-Art und mehr. Der Laden kauft auch gesuchte Stücke an.

107 [C3] **GlanzZeit Schallplatten,** Altenhof 11, Tel. 01575 3125599, Mo.–Fr. 12–18, Sa. 11–15 Uhr. Kleiner Laden mit CDs und Platten. Stöbern kostet nichts!

108 [C4] **Oxfam,** Schloßstr. 26, Tel. 0261 9143801, www.oxfam.de, Mo.–Fr. 10–18, Sa. 10–16 Uhr. Die Koblenzer Zweigstelle des internationalen Secondhandladens verfügt über ein großes Angebot an Textilien und anderen Artikeln, deren Verkaufserlöse Bedürftigen zugute kommen.

109 [A3] **Wirtschaftswunder,** Moselweißer Str. 22, Tel. 0175 8670643, www.wirtschaftswunder-koblenz.de, Mi.–Fr. 13–18, Sa. 12–15 Uhr. Nostalgielädchen mit gut 2000 Artikeln aus der Wirtschaftswunderzeit der 1950er- und 1960er-Jahre, vor allem Lampen, Tische und Stühle.

Souvenirs und Spezialitäten

110 [C3] **Bazaar of Wunderbar,** An der Liebfrauenkirche 11, Tel. 0261 94292194, www.bazaar-of-wunderbar.de, Di.–Sa. 10–18, So. 13–18 Uhr. Concept Store unter Regie der Buchhandlung Reuffel (s. S. 98) mit ausgefallenen Geschenkideen wie Tassen, Servietten, Armbändern, T-Shirts oder Duftspendern.

111 [B5] **Cofone Weinhandel,** Löhrstr. 107, Tel. 0261 97353950, www.weinbar-koblenz.de, Mo.–Fr. 12–14 und 18–22.30, Sa. 18–22.30 Uhr. Wer nach italienischen Weinen sucht, ist in dieser Weinbar richtig. Den Kauf erleichtern leckere Antipasti, Fisch und Fleisch, die zu ausgesuchten Weinen serviert werden.

112 [D3] **Frl. Diehl Karamell,** Firmungstr. 19, Tel. 0160 93290788, www.frldiehl.de, Di.–Fr. 10–18, Sa. 10–16 Uhr. Karamellmanufaktur, die feinste Bonbons mit Meersalz, Mandeln und Thymian fertigt. Für alle, die nach einem süßen Mitbringsel suchen, das man sonst nirgends findet.

113 [C3] **Hut Schnell LEO Koblenz,** Entenpfuhl 14, Tel. 0261 33679, https://leo-stores.de/pages/hut-schnell-koblenz, Mo.–Fr. 10–18.30, Sa. 10–18 Uhr. Seit 1806 gibt es hier Kopfbedeckungen. In dem nostalgisch anmutenden Laden wurden einst auch Zylinder gefertigt.

114 [C4] **Musik Thilemann,** Schloßstr. 35, Tel. 0261 300160, www.musik-thilemann.com, Mo.–Fr. 9.30–18, Sa. 9.30–14 Uhr. Musikinstrumente von der Ukulele bis zum Flügel, dazu viele Noten und eine kleine Auswahl an musikbezogenen Geschenkartikeln. Exzellente Beratung.

115 [C3] **Pfeffersack & Soehne,** An der Liebfrauenkirche 1, Tel. 0261 45099296, www.pfeffersackundsoehne.de, Mo.–Sa. 10–18, So. 13–18 Uhr. Die Koblenzer Gewürzmanufaktur verpackt ihre Produkte in exklusive Keramikdosen. Es gibt eine Riesenauswahl an Pfeffer und natürlich auch an anderen Geschmacksveredlern sowie viel Zubehör.

116 [C3] **Pipe House,** Entenpfuhl 30, https://pipehouse.de, Mo.–Fr. 10–18, Sa. 10–16 Uhr. Erste Adresse für Raucher. Vor allem Zigarren- und Pfeifen-Liebhaber sind hier bestens aufgehoben. Wer will, kann in der Casa del Habano Lounge (s. S. 93), der Raucherlounge des Ladens, gleich probieren.

Wein

Gleich zwei deutsche Weinregionen treffen sich in Koblenz, wo das Anbaugebiet Mittelrhein auf das der Mosel stößt. Eine Handvoll Weingüter, die ihre Erzeugnisse auch meist selbst vermarkten, pflegen die Rebflächen.

117 **Weingut Göhlen,** Mühlental 33, Tel. 0261 77322, www.weingut-goehlen.de, Mo.–Sa. 16–19 Uhr. Weingut im Koblenzer Stadtteil Ehrenbreitstein, das nach Anmeldung Weinproben mit Kellerführungen bietet. Neben Wein finden sich hier auch Sekt, Weinbrand und Likör im Sortiment.

118 **Weingut Schwaab,** In der Laach 93, Tel. 0261 4030840, www.weinkeller-schwaab.de, Mo.–Fr. 9–12 und 14–18, Sa. 10–14 Uhr. Weingut mit Vinothek im Stadtteil Güls. Weißweine aus den Terrassenlagen der Mosel. Im Angebot sind auch eine ca. 30-minütige Kellerführung mit Weinprobe, verschiedene Wanderungen durch die Weinberge und Degustationen aller Art.

Werksverkauf und Outlets in der Umgebung

119 **DeBeukelaer Factory Outlet,** Spitalsgraben 2, 56218 Mülheim-Kärlich, Tel. 02630 9628444, www.griesson-debeukelaer.de, Mo.–Sa. 9.30–19 Uhr. Im Outletcenter des Keks-Fabrikanten, der im Eifelort Polch fertigt, gibt es nicht nur die bekannte Prinzen Rolle, sondern auch Mandelhörnchen und vieles mehr. Besonders preiswert sind die Produkte zweiter Wahl.

120 **Fahrradfabrik Schauff,** In der Wässerscheid 56, 53406 Remagen, Tel. 02642 93640, www.schauff.de, Mo.–Fr. 10–12 und 14–17.30, Sa. 10–13 Uhr. Direktverkauf hochwertiger Fahrräder. Im Angebot sind Renn- und Elektroräder, Trekking- und Mountainbikes. Probefahrten sind vor dem Schnäppchenkauf auch möglich!

121 **Gewerbepark Mülheim-Kärlich,** Tel. 02630 3267, https://der-gewerbepark.de. In dem Industrieareal etwa 10 km von Koblenz entfernt finden sich zahlreiche Outlets, nicht nur von DeBeukelaer (s. links) sondern auch von Markenartiklern wie Betty Barclay, Gerry Weber oder s.Oliver.

122 **Leifheit Werksverkauf Nassau,** Amtsstr. 22, 56377 Nassau, Tel. 02604 941541, www.leifheit.de, Di.–Fr. 11–18, Sa. 10–14 Uhr. Werksverkauf des bekannten Haushaltswarenherstellers – vom Wäschetrockner bis zum Gurkenhobel.

123 **Rastal Factory Outlet,** Lindenstr. 16, 56203 Höhr-Grenzhausen, Tel. 02624 16166, www.rastal.com, Mo.–Fr. 10–18 Uhr. Rastal bietet an seinem Firmensitz im Westerwald Rabatte bis zu 50 Prozent. Im Angebot sind allerlei Gläser, Geschenkartikel und Accessoires – von der Teekanne bis zum Bierglas.

Märkte

Der **zentrale Koblenzer Wochenmarkt** findet immer dienstags und donnerstags von 8 bis 14 Uhr in der Fußgängerzone der Schloßstraße [C4] statt. Besonderes Flair hat der **Mittwochsmarkt** (16–19 Uhr) auf dem Kapuzinerplatz [F4] im Stadtteil Ehrenbreitstein 18. Weitere Märkte finden in den Stadtteilen Güls (Fr. 15–19 Uhr) und Lay (Do. 15.30–18.30 Uhr) statt.

Zweimal jährlich wird ein großer **Flohmarkt** am Konrad-Adenauer-Ufer hinter dem Deutschen Eck 6 veranstaltet.

› Informationen unter www.koblenz.de/leben-in-koblenz/freizeit/staedtischer-flohmarkt

Koblenz zum Durchatmen

Mehr als die Hälfte der Koblenzer Stadtfläche ist grün. Rund 40 Prozent davon sind Erholungs- und Waldgebiete wie der **Stadtwald**, der mit 2772 Hektar im Wesentlichen zum Stadtteil Karthause gehört. Hinzu kommen fast 24 Prozent landwirtschaftliche Fläche, zu denen auch große Weinbergsareale zählen. Unter dem Titel **„Koblenzer Gartenkultur"** präsentiert die Stadt in Zusammenarbeit mit Vereinen und kulturellen Institutionen jährlich von Mai bis Oktober in ihren Grünanlagen ein buntes Programm und vielfältige Aktionen (www.koblenzer-gartenkultur.de).

Ganz oben auf der Liste der Plätze zum Entspannen stehen das **Rhein-** und das **Moselufer.** Bänke laden die Bürger der Stadt ebenso wie Besucher dort immer wieder zum Innehalten ein. Die schönsten Plätze freilich muss man ein bisschen suchen. Zu den spannendsten Orten, um den Rhein und seine Natur zu genießen, zählt die **Insel Niederwerth** im Norden von Koblenz, an deren Südspitze sich auch ein FKK-Bereich befindet. Die Insel ist gut mit dem Fahrrad oder per Bus via Vallendar und dann zu Fuß (rund 40 Min. Fußweg) zu erreichen. Auf der Insel selbst gibt es wenige Pkw-Parkplätze im Süden der Gemeinde, von wo es noch rund 20 Minuten zu Fuß zum Rheinstrand sind. Im Sommer gibt es von Koblenz aus gelegentlich auch eine Schiffsverbindung nach Niederwerth.

› www.niederwerth.de/niederwerth-besuchen
› www.gilles-personenschifffahrt.de

Der vielleicht schönste Platz zum Träumen befindet sich an der Nordseite der Kastorkirche 8, der sogenannte **Paradiesgarten.** Alte Grabplatten schmücken seine Front. Wer hier im Blumengarten auf einer der Bänke rastet, kann sich am besten in die Zeit zurückversetzen, als Kaiser, Könige und Bischöfe in Koblenz noch den Ton angaben.

Eine Oase der Ruhe ist der **Volkspark** im Stadtteil Lützel, wo Mütter und Väter tagsüber mit ihren Kinderwagen gemütliche Runden drehen oder Jogger ihr Fitnessprogramm absolvieren. Träumen lässt sich in den nostalgisch anmutenden **Gärten um**

102ko-gs

Der Rosengarten in Braubach unterhalb der Marksburg 30

Deutschlands wohl schönste Landschafts-Bilderbibel

Es ist zugegeben viel Kitsch, der sich da auf engstem Raum ballt, doch andererseits ist es eines der interessantesten Zeugnisse deutscher Volksfrömmigkeit des 19. Jahrhunderts: die Landschafts-Bilderbibel des katholischen Pfarrers **Johann Baptist Kraus** (1805–1893) im Vorort Arenberg. Hinter der Wallfahrtskirche St. Nikolaus hat er dort eine einzigartige, heute unter Denkmalschutz stehende **Parklandschaft** geschaffen. Eine Oase der Ruhe im Westerwald, mit dem Stadtbus nur knapp 20 Minuten vom Koblenzer Stadtzentrum entfernt.

Bänke mit Blick auf haushohe Bäume und kleine Büsche laden zum Verweilen. Und auch wenn eine Landesstraße den Park teilt, Vogelgezwitscher hört man in den **Pfarrer-Kraus-Anlagen** eher als Motorenlärm. **Kapellen, Grotten, Bildstöcke, Marien- und Heiligenfiguren** bilden eine Art Märchenlandschaft. Ein Ort der Besinnung mitten in der Natur.

Mit der Anlage wollte Pfarrer Kraus den Menschen Gottes Botschaft buchstäblich vor Augen führen. So legte er Mitte des 19. Jh. als erstes einen Park mit acht Kapellen an, in denen lebensgroße Statuen vom Leiden Jesu erzählten. Gleichzeitig begann er mit dem Bau eines Kreuzwegs. Zu seinen größten Fürsprechern zählte der umtriebige Pfarrer die spätere **Kaiserin Augusta.** Sie stiftete nicht nur eine Grotte, sondern half auch bei der Gestaltung der Grünanlagen, indem sie den einen oder anderen Baum, den man in Koblenz zur Gestaltung des neuen Rheinufers anlieferte, nach Arenberg schaffen ließ. So sind dort unter anderem ein riesiger Mammutbaum, spanische Fichten und andere Exoten zu finden. Zur Pflege der Anlagen holte Kraus 1864 **Dominikanerschwestern** nach Arenberg, die dort ein Kloster gründeten und damit den Grundstock zu einem neuen **Wallfahrtsort** legten. Zum Dank an die Dominikanerinnen legte Kraus 1867 einen neuen **Garten zu Ehren Mariens** an.

1884 schuf er in Anlehnung an das Wunder von Lourdes, wo 1858 der Müllers-Tochter Bernadette Soubirous die Muttergottes erschienen war, eine Nachbildung der dortigen Grotte. Sie ist heute Teil des **Antoniusgartens.** Er ist Heiligen gewidmet, die eine besondere Liebe zur Natur pflegten: dem heiligen Antonius von Padua, der den Fischen gepredigt haben soll, und dem heiligen Franziskus, der sich in Arenberg bei der Predigt vor Hühnern, Hunden und Hasen zeigt. Beeindruckend ist auch das **Spiel mit dem Licht,** das die Koblenzer Landschafts-Bilderbibel auszeichnet. Das Farbenspiel kommt besonders in der **Herz-Jesu-Grotte** zum Ausdruck, wo sich fahlblaues Außenlicht mit tiefrotem Licht mischt, das die Herzensgüte des Heilands spiegeln soll. Vor allem an sonnigen Tagen ein einmaliges Farbspektakel!

Mit dem Tod von Pfarrer Kraus, der auf dem Friedhof nördlich der Wallfahrtskirche begraben liegt, war der Ausbau des Wallfahrtsorts abgeschlossen. Um die Landschafts-Bilderbibel, die von Karfreitag bis Allerheiligen öffentlich zugänglich ist, kümmert sich inzwischen ein rühriger Förderverein.

★**124 Pfarrer-Kraus-Anlagen,** Kath. Pfarramt St. Nikolaus Arenberg-Immendorf, Tel. 0261 64959, https://förderkreis-pfarrer-kraus-anlagen.de, tgl. 9–17 Uhr, Eintritt frei. Am besten lernt man die Anlage auf einer geführten Tour kennen. Anreise mit Bus 460 ab Koblenz-Zentrum bis zum Halt Pfarrer-Kraus-Straße.

Schloss Stolzenfels 21, einem Meisterwerk des preußischen Gartenarchitekten P.J. Lenné. Und ein echter Tipp sind die **Pfarrer-Kraus-Anlagen** im rechtsrheinischen Vorort Arenberg, eine **Landschafts-Bilderbibel** (s.S.102) aus der Mitte des 19.Jh. Bis zu 100.000 Besucher jährlich lockte die Gartenanlage einst, die in den Wirtschaftswunderjahren nach dem Krieg allerdings in Vergessenheit geriet. Vor allem werktags ist dort absolute Ruhe garantiert!

Rosenliebhaber sollten sich den **Rosengarten in Braubach** 30 anschauen, der zu den schönsten Gärten am Mittelrhein gehört.

Zur richtigen Zeit am richtigen Ort

Bunt und interessant ist der jährliche Veranstaltungsreigen: Traditionelle Lebensfreude spiegeln der Karneval und die Weinfeste, die v.a. im Herbst auf dem Programm stehen. Literatur- und Musikfreunde kommen bei den Koblenzer Literaturtagen oder dem Gesangsfestival RheinVokal auf ihre Kosten. Die meisten Menschen bringt „Tal total" auf die Beine – und natürlich „Rhein in Flammen", der große Schiffskorso mit abschließendem Feuerwerk über dem Deutschen Eck.

- Februar oder März: **Karneval.** Närrisches Treiben in der Stadt und ihren Vororten: Sitzungen, Umzüge, Bälle. Höhepunkt ist der Rosenmontagszug (www.akk-koblenz.de). Sehr zu empfehlen ist der Besuch an Weiberfastnacht (im Koblenzer Raum „Schwerdonnerstag" genannt) im Nachbarstädtchen Mülheim-Kärlich, wo die sog. Möhnen die närrischen Tage mit einem traditionell von Frauen dominierten, großen Umzug eröffnen.
- März: **Koblenzer Literaturtage „ganz-Ohr".** Literarische Veranstaltungen für Alt und Jung mit nicht selten prominent besetzten Lesungen (www.koblenz-ganzohr.de).
- um Pfingsten: **Koblenz International Guitar Festival & Academy.** Auftritte internationaler Gitarrenvirtuosen von Klassik bis Flamenco, Meisterkurse und Workshops (www.koblenzguitarfestival.de).
- Mitte Mai: **Historienspiele.** Historische Reise in die Zeiten der Römer, Ritter und Preußen auf der Festung Ehrenbreitstein (https://tor-zum-welterbe.de/veranstaltungen).
- Mitte Mai–Mitte August: **Mittelrhein Musikfestival.** Dieses mehrmonatige Musikfestival mit Konzerten findet im ganzen Mittelrheintal statt, zum Teil mit hochkarätigen Veranstaltungen (www.mittelrheinmusik.de).
- Juni–August: **RheinVokal.** Gesänge vom Mittelalter bis in die Gegenwart. Chor- und Sologesang aus ganz Europa (www.rheinvokal.de).
- Anfang Juni: **Koblenzer Bierbörse.** Bierfest im Schatten des Deutschen Ecks. Im Angebot sind mehr als 500 Biersorten (www.bierboerse.com).
- Mitte Juni: **Electronic Wine.** Festival am Deutschen Eck, das den Weinausschank regionaler Winzer mit elektronischer Musik paart (www.weinfestival-koblenz.de).
- Juni: **Kaiserin Augusta – Das Fest.** Immer am ersten Sonntag im Juni treffen sich Alt und Jung am Rheinufer und allerlei Chöre und Orchester geben den Ton an (www.visit-koblenz.de).
- Erstes Juli-Wochenende: **Altstadtfest.** Seit 1975 feiern die „Schängel" ihr Städtchen, Jubel und Trubel auf den Plätzen der Altstadt (www.visit-koblenz.de).
- Juli: **Internationales Gaukler- und Kleinkunstfestival.** Clowns, Akrobaten,

MEIN TIPP

Rhein in Flammen

„Rhein in Flammen" heißt das größte Spektakel in Koblenz: ein **Schiffskorso mit abschließendem Großfeuerwerk.** Festtermin ist der **zweite Samstag im August,** an dem sich bis zu einhundert Schiffe bei Boppard treffen, um im Konvoi nach Koblenz zu fahren. Bengalische Feuer färben die Ufer rot, kleine Feuerwerke tauchen die Region in ein buntes Lichtermeer. Abschluss des Schiffskorsos ist ein spektakuläres Höhenfeuerwerk vor der Festung Ehrenbreitstein.

30 Schiffe waren bei der Premiere von „Rhein in Flammen" 1956 dabei, dazu rund 150.000 Zuschauer an den Ufern. Seitdem haben sich Zuschauerzahlen und Schiffe vervielfacht.

› www.rhein-in-flammen.com

053ko-gs

Kabarettisten, Comedians, Puppenspieler und andere Künstler verwandeln die Festung Ehrenbreitstein ein Wochenende lang in eine Arena zum Staunen, Lachen und Träumen (www.gauklerfestung.de).

- Mitte Juli: **Weltkulturfestival Horizonte.** Dreitägiges Festival mit Musik aus aller Welt auf dem Festungsgelände Ehrenbreitstein (www.cafehahn.de/hahn-events/Horizonte-Festival).
- Anfang September: **Lange Nacht der Koblenzer Museen.** Mehr als zwei Dutzend Kultureinrichtungen laden zu zahllosen Abendveranstaltungen für Jung und Alt (www.museumsnacht-koblenz.de).
- September: **Koblenzer Schängel-Markt.** Dreitägiges Stadtfest mit Autoschau und Markt, viel Livemusik und Unterhaltung auf einer Handvoll Freiluftbühnen (www.schaengelmarkt.de).
- September: **Koblenzer Weinfest Lay.** Traditionstreff der Weinfreunde im Moselort Lay am letzten Septemberwochenende (www.heimatfreunde-lay.de).
- November: **Martinsumzüge.** Am und rund um den Martinstag bestimmen Laternenumzüge den Abend, „Meerdeszüch" nennen sie die Einheimischen (www.visit-koblenz.de/st-martin).
- Mitte November–Anfang Januar, **Koblenzer Weihnachtsmarkt.** Traditioneller Budenzauber auf den Altstadtplätzen. Chöre sorgen für Weihnachtsstimmung (www.koblenzer-weihnachtsmarkt.de).
- Mitte November–Anfang Januar, **Christmas Garden.** Eintrittspflichtiges Lichterspektakel auf der Festung Ehrenbreitstein (19), das zum winterlichen Publikumsmagneten geworden ist (www.christmas-garden.de/koblenz).

◁ Mit dem Höhenfeuerwerk an der Festung Ehrenbreitstein (19) endet „Rhein in Flammen"

KOBLENZ VERSTEHEN

112ko-gs

Koblenz – ein Porträt

Stumme Zeugen römischer Zeit, mittelalterliche Mauern, prächtige Villen, Burgen, Schlösser und Kirchen, stattliche Festungsanlagen und moderne Architektur verbinden sich heute dort, wo Mosel und Lahn in den Rhein münden. Im Norden des Bundeslands Rheinland-Pfalz bildet Koblenz einen kulturell und wirtschaftlich prosperierenden Anker. Zwischen den Ausläufern von Hunsrück, Eifel, Taunus und Westerwald vereint die Stadt preußische Disziplin mit rheinischer Lebensfreude. Touristisch glänzt sie mit sehenswerten Museen, die neben alter und moderner Kunst auch viel Technik bieten, einer übersichtlich-gemütlichen Altstadt und einer Bilderbuchfestung hoch über dem Deutschen Eck, das seit Jahrhunderten den Zusammenfluss von Rhein und Mosel markiert. Koblenz zählt heute knapp 115.000 Einwohner und ist ein Gebilde aus 30 Stadtteilen links und rechts der beiden Flüsse.

Vorseite: Ein Wandbild zeigt die Confluentia, Personifikation der Stadt Koblenz

Mit nicht einmal 400 Einwohnern ist **Stolzenfels** der kleinste, **Metternich** mit über 10.000 Einwohnern der größte Stadtteil. Auf über 11.000 Einwohner bringen es **Karthause** und die **Südliche Vorstadt**, die statistisch allerdings in mehrere einzelne Stadtteile gegliedert sind. Den Koblenzer Kern bilden Altstadt und Südliche Vorstadt, dazu die sich Richtung Hunsrück streckenden Stadtteile **Goldgrube** und Karthause. Südlich schmiegt sich der Stadtteil **Oberwerth** an, der früher eine Insel war, heute nur noch eine Halbinsel. Westliche Vorstadt hieß der heutige Stadtteil **Rauental** einst, der an der Mosel liegt und im Osten an die Altstadt grenzt.

Schon 1891 dehnte sich Coblenz, wie die Stadt bis 1926 offiziell hieß, über die Mosel Richtung Norden aus, als man **Lützel** und das aus ihm hervorgegangene neue Dorf, nämlich **Neuendorf**, eingliederte. 1902 kam Moselweiß, zwischen Mosel und Karthause gelegen, zum Stadtgebiet hinzu, 1923 das nördlich von Neuendorf gelegene **Wallersheim.** In der nationalsozialistischen Ära breitete sich die Stadt dann über den Rhein Richtung Osten aus und nahm **Ehrenbreitstein**, **Niederberg**, **Horchheim** und

Pfaffendorf unter ihre Fittiche – dazu Metternich, das heute das Bundeswehrzentralkrankenhaus und die Universität beheimatet. 1969 schlüpfte **Stolzenfels** ins Nest der Stadt. Seinen Status als Großstadt festigte Koblenz 1970, als man mit **Arenberg, Arzheim, Bubenheim, Güls, Immendorf, Lay** und **Rübenach** gleich sieben weitere Dörfer eingemeindete und damit neue Wohnstätten für die in Koblenz und Umgebung arbeitenden Menschen schuf. Um fast 20.000 Bürger stieg damals die Einwohnerzahl.

Koblenz wird gern als **„Stadt der Brücken“** tituliert. So spannen sich über Mosel und Rhein gleich mehrere Übergänge, was der strategischen Lage der Stadt zwischen Eifel, Taunus, Hunsrück und Westerwald geschuldet ist. Erstmals hatten die Römer eine Brücke über den Rhein geschlagen, danach diente eine Schiffsbrücke jahrhundertelang als Übergang. Eine feste Brücke über die Mosel gab es schon im Mittelalter, nach ihrem Bauherrn **Balduinbrücke** genannt. Sie wurde im Lauf der Zeit mehrfach umgebaut, wiederaufgebaut oder saniert. 1857/1858 gab es die erste Eisenbahnbrücke über die Mosel, später eine zweite. Die **Rheinbrücke** **bei Pfaffendorf**, 1862–1864 als reine Eisenbahnbrücke erbaut und von Zeitgenossen damals als „schönste Eisenbrücke Deutschlands“ etikettiert, wurde ab 1914 nicht mehr von der Bahn benutzt und in den 1930er-Jahren zur Straßenbrücke umgebaut. Die **Horchheimer Eisenbahnbrücke**, 1879 in Betrieb genommen, verbindet das rechtsrheinische Horchheim

Koblenz 1897

Koblenz liegt „von Hügeln umgeben, in einer der schönsten und anmutigsten wie strategisch wichtigsten Gegenden des ganzen Rheinthals. Die Stadt besteht aus der Alt- und der Neustadt. Die Altstadt, eng gebaut, hat nur einige schöne Straßen (...) und Plätze (...) aufzuweisen. Die Neustadt oder Klemensstadt dagegen hat schöne, breite Straßen und namentlich gegen den Rhein eine imponierende Häuserfront.“

aus: Meyers Konversations-Lexikon

In ganzer Pracht zeigt sich die Moselmündung von der Festung Ehrenbreitstein **19** *aus*

058ko©Mikhail_Markovskiy, stock.adobe.com

mit dem linksrheinischen Stadtteil Oberwerth. Wie alle Koblenzer Brücken wurde auch sie im Zweiten Weltkrieg von den sich zurückziehenden deutschen Truppen zerstört, konnte aber schon 1947 eingleisig und ein gutes Jahrzehnt später wieder zweigleisig befahren werden. Die heutige **Europabrücke** wurde 1934 als „Adolf-Hitler-Brücke" in Betrieb genommen. Dem weiter wachsenden Autoverkehr in den 1960er- und 1970er-Jahren sind die **Südbrücke** und die **Bendorfer Brücke** über den Rhein geschuldet. Mancher Flussübergang ist inzwischen allerdings in die Jahre gekommen, sodass immer wieder mit Sanierungen und Neubauten gerechnet werden muss.

Koblenz ist bei **Touristen** im In- und Ausland sehr beliebt. Mit fast 900.000 Übernachtungen verzeichnete man 2023 sogar einen neuen Besucherrekord. Das lag nicht zuletzt auch daran, dass Besucher inzwischen immer länger in der Stadt bleiben, im Durchschnitt ein kleines bisschen mehr als zwei Tage. Das gilt im Übrigen auch für die fast 20 Prozent ausländischer Gäste, die für ein verlängertes Wochenende gern aus Belgien und den Niederlanden kommen, wo Koblenz besonders hoch im Kurs steht.

Koblenz in Zahlen

- **Einwohner:** 115.000
- **Fläche:** 105,1 km²
- **Höhe ü.M.:** 73 m
- **Kfz-Kennzeichen:** KO
- **Stadtwappen:** Seit dem 14. Jahrhundert zeigt das Stadtwappen ein rotes Kreuz auf silbernem Grund mit einer goldenen Krone in der Mitte. Das rote Kreuz gilt als Wappen des Erzbistums Trier. Die goldene Krone soll an die Himmelskönigin Maria erinnern, der eine der größten Kirchen der Stadt, die Liebfrauenkirche, gewidmet ist.

Von den Anfängen bis zur Gegenwart

Es war seine Lage, die Koblenz schon früh zur Stadt machte. So waren es römische Soldaten, die am Zusammenfluss von Rhein und Mosel in großer Zahl siedelten und eine Brücke über den Rhein schlugen. Auch später war es die strategische Position, welche die Menschen dazu brachte, hier Häuser, Kirchen und Schlösser zu bauen – und Kasernen. Vor allem im 19. Jahrhundert wurde aus Koblenz so eine der größten deutschen Festungen, in der sich nach den Kurfürsten schließlich auch der Kaiser wohlfühlte. Aber erst nach dem Abbruch der Stadtbefestigung konnte die Stadt weiter wachsen. Verheerend war der Zweite Weltkrieg: Alliierte Bomber legten Mitte der 1940er-Jahre fast neunzig Prozent der Stadt in Schutt und Asche. Nur langsam heilten die Wunden, die der Krieg geschlagen hatte und erst 1962 überschritt Koblenz die Zahl von 100.000 Einwohnern und wurde damit zur Großstadt.

Archäologische Funde belegen, dass schon zur Steinzeit Menschen in der Großregion siedelten. Später drückten die Kelten der Landschaft ihren Stempel auf. Aber erst mit den **Römern** begann die eigentliche Stadtgeschichte. Sie waren es, die auf halbem Weg zwischen den römischen Metropolen Mainz und Köln kurz vor Christi Geburt am Zusammenfluss von Rhein und Mosel das Lager **Confluentes** gründeten und Brücken über die Flüs-

126ko

se schlugen. Mit dem Bau des **Limes** (s. S. 54) auf der rechten Rheinseite versuchten sie, ihr Reich gegen Einfälle germanischer Stämme zu sichern.

Nach dem Zerfall des römischen Reichs schrieben die **Franken** Stadtgeschichte. Sie gründeten in Koblenz einen Königshof, den der Adel verwaltete. Von sich reden machte die Stadt, als bei Verhandlungen in der Kastorkirche das fränkische Großreich zerschlagen wurde und Koblenz an Lothringen fiel. Richtig aufwärts aber ging es erst, nachdem **Heinrich II.** Anfang des zweiten Jahrtausends den Königshof Koblenz dem Trierer Erzbischof geschenkt hatte. Es war der Beginn der **Kurfürstenzeit,** die fast 800 Jahre währen sollte.

Als erstes brachte sie den Bau der Burg und späteren **Festung Ehrenbreitstein**, einem sicheren Zufluchtsort, den der Kurfürst wann immer nötig (z. B. im Dreißigjährigen Krieg) nutzte. Später entstanden weitere Burgen und immer mehr Kirchen. Und mit dem Bau der **Balduinbrücke,** die als Teil eines großen Pilgerwegs mithilfe eines päpstlichen Ablasses finanziert wurde, hatte die Stadt auch wieder einen festen Moselübergang.

Der Kurfürst regierte „Covelents“ von Trier aus, kassierte Steuern und Zölle, sprach Recht und sorgte für Ordnung. Münz- und Marktrecht lagen in seiner Hand. Mitte des 14. Jh. zählte Koblenz rund 3500 Einwohner. Adel und Klerus gaben den Ton an. Alle großen Orden hatten in Koblenz ihre Niederlassungen – auch der **Deutschritterorden**, der sich anno 1216 an der Moselmündung niederließ und am „Deutschen Eck“ ein Pilgerhospital errichtete.

Immer wieder gab es **kriegerische Auseinandersetzungen** und fremde Truppen belagerten die Stadt, was oft Leid und Zerstörung mit sich brachte. **Hexen- und Judenverfolgungen** gab es ebenfalls – unrühmliche Kapitel in der Stadtgeschichte. Auch die Reformation hinterließ in Koblenz Spuren und brachte im Zug der Gegenreformation die **Jesuiten** in die Stadt.

Da der Kurfürst in Trier residierte, war Koblenz immer nur der östliche

Ehrenbreitstein (18) auf einem Gemälde des Landschaftsmalers Conrad Zick von 1816

Außenposten des Kurfürstentums. Jedoch arbeitete ein Großteil der **kurfürstlichen Verwaltung** hier, was Koblenz den Ruf als **Beamtenstadt** einbrachte. Jahrhundertelang war der Kurfürst der größte Arbeitgeber, zeitweise stand jeder fünfte Bürger in seinen Diensten.

1786 hatte Trier als kurfürstliche Residenzstadt ausgedient: **Clemens Wenzeslaus von Sachsen** machte Koblenz zum **Regierungssitz.** Vom neuen Kurfürstlichen Schloss aus leitete er den Kurstaat, dem aber schon ein paar Jahre später die **französische Revolutionsarmee** ein Ende machte. Der letzte Kurfürst flüchtete nach Süddeutschland. Im „Frieden von Luneville" wurde der Rhein zur Staatsgrenze zwischen Frankreich und Preußen erklärt, „Coblence" zur Hauptstadt des Départments de Rhin-et-Moselle (Departement Rhein-Mosel). Französisch wurde Amtssprache, kirchlicher Besitz weitgehend aufgelöst. In der Schlosskapelle verehrten die Franzosen statt Gott die „Göttin der Vernunft", im Karmeliterkloster grillten sie Tauben, die sie mit dem Säbel erschlugen.

In der katholischen Kurfürstenstadt war jetzt auch offiziell Platz für Nicht-Katholiken. 1803 gründete Johannes Cunz (1744–1853) die erste **evangelische Gemeinde** in Koblenz. Und weil kein Geld für die Bezahlung eines Pfarrers da war, schrieb der Kirchenälteste, ein wohlhabender Kaufmann, die Stelle des Theologen als Erzieher seiner Kinder aus.

Das Ende der französischen Zeit kam 1814 mit der Besetzung von Koblenz durch russisch-preußische Truppen. Wenig später schlug Klemens Wenzel Lothar von Metternich – gebürtiger Koblenzer und als Außenminister Österreichs damals einer der wichtigsten europäischen Politiker – auf dem Wiener Kongress die Stadt den **Preußen** zu. Die bauten Koblenz zur Festungsmetropole aus. Ehrenbreitstein (18) wurde zum militärischen Bollwerk.

Als man Ende des 19. Jh. die alten Stadtmauern abbrach und **Koblenz sich ausdehnen konnte,** entstand die heutige Südstadt und Vororte wie Lützel oder Neuendorf wurden eingemeindet. Mit dem Bau des Hauptbahnhofs und dem Ausbau der Schifffahrtsverbindungen an Rhein und Mosel wurde Koblenz ein wichtiger **Verkehrsknotenpunkt.** Das wusste auch Kaiser Wilhelm I. zu schätzen, der mit seiner Gattin Augusta immer wieder in der Stadt weilte.

Den wirtschaftlichen und kulturellen Aufbruch aber stoppte der **Erste Weltkrieg.** Ende 1918 hissten amerikanische Truppen am Deutschen Eck ihre Fahnen, später übergaben sie die Herrschaft an die Franzosen. Erst 1929/30 feierte Koblenz mit einem riesigen Feuerwerk den Abzug der Besatzungstruppen.

1937 wurden zahlreiche Vororte ins jetzt nationalsozialistisch regierte Koblenz eingemeindet, das im Zug der Militarisierung des Rheinlands zum wichtigen **Truppenstandort** wurde. Kein Wunder, dass die Alliierten die Stadt im **Zweiten Weltkrieg** besonders attackierten. Ende 1944 legten Bomber das Zentrum in Schutt und Asche. Nur wenige der über 20.000 Wohnungen blieben unbeschädigt. Von den knapp 95.000 Einwohnern 1943 lebten bei Kriegsende nur noch ein paar Tausend in der Stadt.

Schon ein Jahr später zählte das inzwischen von den Franzosen besetzte Koblenz wieder mehr als 50.000 Einwohner und man machte sich zügig an den Wiederaufbau der zerstörten Stadt, die für die ersten Jahre zur Hauptstadt des neuen Bundeslands Rheinland-Pfalz wurde. Auch bei der **Gründung der Bundesrepublik** spielte Koblenz eine Rolle. Die deutschen Ministerpräsidenten erarbeiteten im Berghotel Rittersturz das neue Grundgesetz.

1962 wurde Koblenz zur **Großstadt:** Die Einwohnerzahl überschritt die 100.000er-Marke. Doch es fehlte noch immer an einer nachhaltigen Stadtplanung und an Investoren. Das änderte sich nach der Jahrtausendwende. Mit Blick auf die **Bundesgartenschau 2011** investierte Koblenz, möbelte die Ufer an Rhein und Mosel auf, kleidete das Kurfürstliche Schloss 3 neu ein und schuf am Zentralplatz mit dem Forum Confluentes 1 ein architektonisch einmaliges Kulturzentrum. Tierisch ausgedrückt wurde aus der grauen Maus Koblenz der stolze Gockelhahn, den man heute bewundern kann.

Stadtgeschichte in Zahlen

9 v. Chr.: Bau eines römischen Kastells
259: Franken zerstören die römische Stadt.
843: Koblenz fällt an Lothringen.
1018: Kaiser Heinrich II. schenkt Triers Bischof den Königshof.
1147: Erwähnung der ersten Rheinfähre
1216: Die Ritter des Deutschen Ordens gründen eine Niederlassung.
1338: Reichstag in Koblenz
1343: Bau einer neuen Moselbrücke
1636: Kaiserliche Truppen besetzen die Stadt.
1663: Einrichtung einer festen Schiffsbrücke über den Rhein
1688: Zerstörung der Stadt im Pfälzischen Erbfolgekrieg
1776: Erstmals erscheint das „Gnädigst Privilegierte Koblenzer Intelligenzblatt".
1777: Baustart für das Kurfürstliche Schloss
1794: Einnahme der Stadt durch französische Truppen
1798: Koblenz wird Hauptstadt des Departements Rhin-et-Moselle.
1815: Koblenz wird preußisch.
1826: Aufnahme des Dampfschifffahrtsverkehrs zwischen Mainz und Köln
1830: Koblenz wird Verwaltungshauptstadt der preußischen Rheinprovinz.
1858: Erste Eisenbahnbrücke über die Mosel
1887: Pferdebahnen übernehmen den öffentlichen Verkehr.
1918: Amerikanische Truppen nehmen Koblenz ein.
1923: Statt den Amerikanern besetzen nun Franzosen die Stadt.
1929: Abzug der Franzosen aus Koblenz
1933: Absetzung des Oberbürgermeisters durch die Nationalsozialisten
1944: Luftangriffe zerstören große Teile der Stadt.
1962: Koblenz wird Großstadt.
2011: Die Bundesgartenschau wird zum Anlass genommen, die Stadt im großen Stil umzugestalten.
2023: Die Universität Koblenz wird eigenständig.

060ko-gs

Dieses Relief zeigt die alte Schiffsbrücke über den Rhein

Leben in Koblenz

„Schängel" nennen sich die eingefleischten Koblenzer gern, weshalb die Stadt auch als Schängel-Stadt bekannt ist. Es ist die Dialekt-Bezeichnung für alle in der Stadt Geborenen – gleich ob Junge oder Mädchen. Zur Wende vom 19. ins 20. Jahrhundert, als der Begriff entstand, waren damit vor allem Buben gemeint, die in der Zeit der französischen Besatzung als Kinder deutscher Mütter und französischer Väter in Koblenz zur Welt kamen. Hans war damals der gängigste Vorname, französisch Jean. Weil den Einheimischen das französische Wort aber nur schwer über die Lippen ging, wurde in der Mundart daraus „Schang".

Mit der Zeit wurde der „Schang" zum „Schängel", der Hans also zum Hänschen, und aus dem anfänglichen Schimpfwort für die oft unehelich geborenen Koblenzer Kinder formte sich ein stolzes Etikett. Der „Schängel", oft liebevoll zum „Schängelche" verklärt, wurde zum Helden, zum Prototyp des Lokalpatrioten, dem man schließlich ein eigenes Lied widmete. Als Namensgeber steht der „Schängel" einem Lokalanzeiger ebenso Pate wie einer alten Rheinfähre oder einem Karnevalsverein – ja sogar auf den alten Kanaldeckeln im Zentrum zeigt sich der „Kowelenzer Held". Am schönsten aber ist der ihm gewidmete Brunnen 14 vor dem Rathaus.

„Kowelenzer Platt" heißt die in der Stadt gesprochene **Mundart**, die sich von anderen rheinischen Dialekten vor allem im Tonfall unterscheidet. Sie gehört zum Moselfränkischen, einer von Lothringen bis ins Siegerland verbreiteten Sprache. Den Einheimischen wird zudem eine besondere Vorliebe für breite Laute und die Verlängerung der Lautdauer nachgesagt. So wird die Birne zur „Biere", das Du zum „Dau". Lehnwörter aus dem Französischen und Jiddischen zeugen von der abwechslungsreichen Geschichte der Stadt. „Die Mondart soll mer halle wert, sich liebend ihr verschreiwe, se ze verleugne wär verkehrt, moß ons erhalle bleiwe", beschwören die Einheimischen reimend die Tradition. Doch je mehr Menschen zuziehen, desto stärker schwinden die Dialekte, die oft auch noch von Stadtteil zu Stadtteil leicht unterschiedlich sind.

Über Jahrhunderte prägten Römer und Franken, aber auch Franzosen und andere die Geschichte der Stadt und drückten Koblenz ihren Stempel auf. Der Schriftsteller Ernst Moritz Arndt (1769–1860), Freiheitskämpfer und einer der ersten demokratisch gewählten deutschen Politiker Ende des 18. Jahrhunderts, meinte einen besonderen Menschenschlag am Zusammenfluss von Rhein und Mosel ausgemacht zu haben, den er in einem seiner Reiseberichte wie

061ko-gs

< *Der Schängel ziert auch die Kanaldeckel im Koblenzer Stadtzentrum*

097ko©oxie99, stock.adobe.com

folgt beschrieb: „Die Leiber sind nervig und gewandt, die Füße nicht zu groß (...), Schultern und Brust breit gewölbt, und bei dem allen ein Gesicht, das oft schön, meistens kräftig und ausdrucksvoll ist. Aufgefallen ist mir, dass man hier mehr Blondige und Flachsköpfe findet als in irgendeiner anderen Provinz Deutschlands".

Seitdem ist freilich viel Zeit vergangen und die Bevölkerung ist vielfältiger geworden. Vor allem die Innenstadt hat an **urbanem, multikulturellem Flair** gewonnen. Das zeigt sich nicht nur in großen Einkaufszentren, sondern auch im **Wandel der Religionszugehörigkeiten.** Nur noch knapp 38 % der Bevölkerung sind heute **katholisch**, gut 14 % **evangelisch.** Fast die Hälfte der Einwohner ist anderen Glaubens oder konfessionslos.

Koblenzer Dialektausdrücke

- Loogus = Toilette
- Mussel = Mosel
- Strichbinn = Prostituierte
- Schmer = Polizei
- edepedede = vornehm

Vor allem in der Innenstadt dominieren die Single-Haushalte, der Altersdurchschnitt ist in den letzten Jahren etwas gesunken. Das liegt auch an den gut **16.000 Studierenden** an den staatlichen und privaten Hochschulen, die der Stadt einen jungen Anstrich verleihen. Fast ein Zehntel der Bevölkerung ist inzwischen im Studierendenalter.

Mit über 75.000 Arbeitsplätzen bietet die Stadt heute auch vielen Zehntausend Menschen aus dem näheren und weiteren Umland Beschäftigung. Von Montag bis Freitag **pendeln** so die Massen in die Rhein-Mosel-Metropole und beleben nicht nur am Morgen und frühen Abend die Straßen der Stadt, sondern vor allem auch in den Mittagspausen, von denen die örtliche Gastronomie profitiert. Gemessen an der Arbeitsplatzdichte, wie das in der Wirtschaftssprache heißt, nimmt Koblenz den Spitzenplatz unter den rheinland-pfälzischen Städten ein.

Beliebter Treffpunkt der Koblenzer – der Görresplatz 15

Welterbe „Kulturlandschaft Oberes Mittelrheintal“

Schlagersänger wie Peter Alexander haben den Mittelrhein ebenso besungen wie weltbekannte Operntenöre. Dichter wie Goethe, Hölderlin oder Kleist haben ihn literarisch verklärt, Maler wie William Turner in einzigartigen Bildern festgehalten. Zwischen Bingen und Koblenz zwängt sich der Fluss seit Jahrtausenden durch eine beeindruckende Felslandschaft, vorbei an beschaulichen Städtchen, über denen hoch oben stattliche Burgen und Schlösser thronen. In den meist steilen Weinbergen rechts und links des Flusses reifen Jahr für Jahr rote und weiße Trauben, aus denen Hunderte von Winzern zum Teil ausgezeichnete Weine machen.

Seit 2002 gehört das **Obere Mittelrheintal**, die Region zwischen Bingen und Koblenz, zum **UNESCO-Weltkulturerbe** – der Einmaligkeit der Landschaft und des außergewöhnlichen Reichtums an kulturellen Zeugnissen wegen. Rund 620 Quadratkilometer umfasst das unter Schutz gestellte Gebiet zwischen den Rheinkilometern 526 und 593. Etwa 60 Städte und Gemeinden säumen die 67 Kilometer lange Strecke, entlang der es längst nicht mehr so gemütlich zugeht, wie es die Romantiker mit ihren Sagen, Bildern und Geschichten einst beschrieben. Heute donnern täglich knapp 300 Züge auf beiden Seiten den Fluss entlang und verursachen mancherorts einen Lärmpegel von bis zu 100 Dezibel. Dazu addiert sich der Lärm der Schiffsmotoren, die Jahr für Jahr Millionen Tonnen Fracht von der Nordsee Richtung Alpen schippern – und umgekehrt natürlich. Es ist die andere Seite der Rheinromantik, die auch den Hütern des Weltkulturerbes Sorgen macht. Sie sehen eine Landschaft bedroht, die Kulturepochen prägte. 2029 wird das Mittelrheintal zwischen Bingen und Koblenz Ausrichter der **Bundesgartenschau** sein, der nächsten Großveranstaltung der Region. Schon jetzt beginnt das Event seine Schatten vorauszuwerfen: Erste Gemeinden entwickeln bereits Ideen, ihre Uferpromenaden und Gärten neu zu gestalten (https://buga2029.blog).

Zu den ersten, die am Mittelrhein Geschichte schrieben, gehörten die **Römer.** Zwischen ihren Metropolen Mainz und Köln führte ein wichtiger Verbindungsweg am Rhein entlang. Nach den Römern kamen die **Franken** und der Mittelrhein geriet fast komplett in königlichen Besitz. Erst ab dem 8. Jahrhundert wurden einzelne Gemeinden und Städte veräußert, Äbte, Erzbischöfe und Landgrafen profitierten von den Schenkungen. Zur Sicherung ihrer Herrschaft bauten die neuen Herren **Burgen.** Ende des 17. Jh. wurde der Mittelrhein zum Zankapfel zwischen Deutschen und Franzosen und im **Pfälzischen Erbfolgekrieg** wurden Städte, Burgen und Schlösser zerstört. Rund hundert Jahre später verleibten sich **Frankreichs Revolutionstruppen** die linksrheinische Region ein. Die nach der Herrschaft der Römer verfallene Straße am linken Flussufer wurde wieder instand gesetzt.

Von der Industrialisierung Anfang des 19. Jahrhunderts blieb das Mittelrheintal weitgehend verschont. Zwar verbesserten **Dampfschifffahrt** – 1827 wurde der regelmäßige Schiffsverkehr zwischen Köln und Mainz aufgenommen – und neue **Schienenstrecken** am Fluss entlang die Verkehrsstruktur, doch davon

062ko-gs

profitierte in erster Linie der **Tourismus.** Inzwischen hatte man nämlich das **Land der Burgen und Reben** als Reiseziel entdeckt, das vor allem englischsprachige Bildungsbürger schätzten. Touristen, definierte das Grimmsche Wörterbuch 1845 den neuen Besuchertypus, seien meist Engländer oder Amerikaner, die mit dem „Baedeker“ unterwegs seien. Der „Baedeker“ war die neue Bibel der Reisenden, verlegt von Karl Baedeker. 1828 hatte der Koblenzer den ersten Rhein-Reiseführer („Rheinreise von Mainz bis Cöln, Handbuch für Schnellreisende“) herausgegeben, der gleich mehrmals neu aufgelegt werden musste.

Schnell wurde das felsige Mittelrheintal zum touristischen Hotspot. Fürsten und reiche Privatleute begannen mit dem **Wiederaufbau** der verfallenen oder in Kriegen zerstörten Burgen und Schlösser. So ließ das preußische Königshaus Schloss Stolzenfels als Sommerresidenz neu herrichten und auch andernorts steckte man viel Geld in die Neugestaltung der alten Gemäuer. Langsam reifte der Mittelrhein so zu einer Landschaft, die neuen, nationalen Stolz entfachte – und damit erneut zum Zankapfel wurde.

Nach dem Ersten Weltkrieg erklärten die Siegermächte das Gebiet links des Rheins samt einem 50 Kilometer breiten Gebiet auf der anderen Flussseite zur entmilitarisierten Zone. Die **Nationalsozialisten** aber, die am Mittelrhein viele Anhänger und in zahlreichen Orten Hitler zum Ehrenbürger gemacht hatten, schreckten die im Versailler Vertrag diktierten Restriktionen nicht. Im März 1936 wurden so wieder deutsche Truppen im Rheinland stationiert. Am Ende, wissen wir heute, stand ein Weltkrieg, der in dieser Gegend vor allem in Bingen und Koblenz viel Leid, Zerstörung und Tod brachte.

Nach dem Zweiten Weltkrieg entstanden die neuen Bundesländer

⌃ *„Rhein-Romantik“ heute: Party-Stimmung auf den Ausflugsschiffen*

Hessen und Rheinland-Pfalz, die sich heute gemeinsam um das Weltkulturerbe kümmern. Ein Masterplan soll für die Bewahrung des Welterbes sorgen, denn die Region ist im Umbruch, die **Einwohnerzahl sinkt.** Vor allem aus den kleinen Dörfern entlang des Rheins ziehen junge Leute weg in die Städte, was viele Gemeinden zu spüren bekommen. Die Folgen sind Leerstand und eine Verödung der Kommunen, die so für Besucher an Attraktivität verlieren. Auf die aber sind Hotels und Gaststätten in der Region angewiesen.

Attraktive und gut ausgeschilderte **Fernwanderwege** – der Rheinsteig auf der rechten und der Rheinburgenweg auf der linken Rheinseite – haben das Erleben der Kulturlandschaft zwischen Bingen und Koblenz intensiviert und jüngere Touristen gelockt. Auch **Radfahrer** können das komplette Tal inzwischen weitgehend auf eigenen, autofreien Routen befahren. Was bleibt, ist der Spagat zwischen den **Anforderungen an das Weltkulturerbe** und die in diesem Rahmen möglichen neuen touristischen Projekte. So wünschen sich viele Menschen zwischen Bingen und Koblenz einen festen Rheinübergang, der auch bei Hochwasser die Überquerung des Flusses möglich macht. Doch unklar bleibt, wie der aussehen muss, damit die UNESCO ihn gutheißen kann. Die rheinland-pfälzische Landesregierung favorisiert einen Übergang bei St. Goarshausen 32, für dessen Bau man inzwischen das nötige Raumordnungsverfahren abgeschlossen hat. In die weiteren Verfahren zur Baugenehmigung sollen auch Vertreter der UNESCO einbezogen werden.

Auch der Neubau weiterer touristischer Projekte wie spektakulärer Seilbahnen oder Hängebrücken wird weiterhin für viel Diskussionsstoff im Mittelrheintal sorgen.

› www.welterbe-mittelrheintal.de

Vom Aussichtspunkt Vierseenblick (s. S. 73) wirkt der Rhein, als würde er aus vier voneinander getrennten Seen bestehen

073ko-gs

PRAKTISCHE REISETIPPS

104ko-gs

An- und Rückreise

Koblenz ist eigentlich aus allen Richtungen gut zu erreichen: per Schiene und Straße, aber auch mit dem Flugzeug via Frankfurt, Düsseldorf oder Köln/Bonn. Innerhalb der Stadt und auch in die Vororte verkehren öffentliche Verkehrsmittel. Deshalb kommen Besucher auch ohne eigenes Auto gut zurecht. Wer allerdings auch die wirklich sehenswerte Umgebung erkunden will, zu der unter anderem einmalige Kulturstätten wie das Kloster Maria Laach 24, der Loreley-Felsen 33 oder die Burg Eltz 34 gehören, kann ein eigenes Fahrzeug gut gebrauchen.

Mit dem Auto

Aus allen Himmelsrichtungen führen Autobahnen in den Großraum Koblenz: aus dem Westen und Osten die A48, aus dem Süden und Norden die A61. Romantikern sei die Anreise über die **Bundesstraßen an Rhein und Mosel** empfohlen, die zwar zeitraubend, dafür aber landschaftlich reizvoll ist.

Mit dem Zug

Eine bequeme und bei langfristiger Vorausbuchung oft auch recht preisgünstige Alternative zum Auto ist die Anreise mit der Bahn. So gibt es nach Koblenz **zahlreiche Direktverbindungen.** Züge aus Hamburg, München, Leipzig oder Berlin zum Beispiel brauchen oft nur fünf bis sechs Stunden an den Rhein. Von Zürich ist man in gut fünf Stunden in Koblenz, knapp acht Stunden dauert die Fahrt aus Wien, von wo es mehrere durchgängige Verbindungen täglich nach Koblenz gibt. Unter Umständen kann sich auch die Anreise über den ICE-Bahnhof Montabaur lohnen, von wo regelmäßig Linienbusse nach Koblenz verkehren. Über die besten Verbindungen informieren die Websites der Bahnen.

› www.bahn.de
› www.sbb.ch
› www.oebb.at

Mit dem Bus

Für Reisende mit viel Zeit kommt auch der Bus zur An- und Abreise in Frage. Oft sind auch bei kurzfristiger Buchung noch preiswerte Tickets erhältlich. Die Haltestelle der Fernbusse findet sich in der Neversstraße gegenüber dem GHotel (s. S. 128), nur ein paar Schritte vom Hauptbahnhof entfernt.

› www.flixbus.de

Mit dem Flugzeug

Koblenz selbst verfügt nur über einen Miniflughafen im benachbarten Winningen. Auch der nächstgelegene internationale Airport, der Hunsrück-Flughafen Frankfurt-Hahn, spielt für Reisende aus der Bundesrepublik und dem deutschsprachigen Ausland keine Rolle mehr. Dagegen werden die großen Flughäfen **Frankfurt, Düsseldorf und Köln-Bonn** fast täglich aus Deutschland, der Schweiz und Österreich angesteuert.

Die **Weiterreise** ist von dort kein Problem. Vom Fernbahnhof Frankfurt verkehren regelmäßig ICE-Züge über Mainz nach Koblenz. Die Fahrzeit beträgt im besten Fall knapp 75 Minu-

Vorseite: Die Seilbahn 5 führt vom Deutschen Eck 6 hinauf zur Festung Ehrenbreitstein 19

ten. Ähnlich lang ist die Bahnanreise vom Flughafen Köln-Bonn (mit Umstieg in Troisdorf), knapp zwei Stunden ist man vom Flughafen Düsseldorf per Zug nach Koblenz unterwegs. Von den Airports verkehren zudem gewöhnlich Busse der Firma Flixbus nach Koblenz.

Autofahren

Parken

Im City-Bereich der Stadt stehen viele Tausend kostenpflichtige, öffentliche wie private **Parkplätze** zur Verfügung. Die Parkgebühren sind gestaffelt und schwanken in der Innenstadt zwischen 2,20 € und 5,50 € für zwei Stunden. Eine Übersicht über die Parkgelegenheiten gibt es auf der

Allgemeiner Pannennotruf
- **ACE:** 0711 530343536
- **ADAC:** 089 20204000
- **AvD:** 0800 9909909

Website www.parkopedia.de. Zu freien Plätzen in den Parkhäusern führt ein dynamisches **Parkleitsystem.**

Für **Motorradfahrer** gibt es mehr als zwei Dutzend extra ausgewiesene Parkmöglichkeiten:

- www.koblenz.de/umwelt-und-planung/mobilitaet/parken-in-koblenz/motorradparkplaetze

Parkhäuser

P125 [C4] **Forum Mittelrhein-Parkhaus,** Einfahrt: Luisenstraße. Knapp 750 Parkplätze in der Innenstadt, Mo.–Sa. 6–21.30, So. 8–19.30 Uhr. Sehr preiswertes Parkhaus (ab 1,10 €/Std.) mit Frauen- sowie Behindertenparkplätzen.

P126 [B4] **Parkhaus Löhr-Center,** Einfahrt: Hohenfelder Straße. Mit rund 1400 Stellplätzen das größte Parkhaus der Stadt,

Der Koblenzer Hauptbahnhof, im Hintergrund links das Fort Konstantin 17

063ko-gs

ideal für Shopper, Mo.–Fr. 7–20.30, Sa. 7.30–20.30 Uhr. Extraparkplätze für Frauen und Behinderte.

P127 [C3] **Schängel-Center Tiefgarage,** Einfahrt: Gymnasialstraße. Rund um die Uhr geöffnetes Parkhaus nahe dem Deutschen Eck, 150 Stellplätze.

P128 [D4] **Schloss-Tiefgarage,** Anfahrt über Pfaffendorfer Brücke. Rund um die Uhr geöffnetes, preiswertes Parkhaus mit knapp 450 Stellplätzen.

Barrierefreies Reisen

Koblenz ist weitgehend auf Menschen mit Behinderung eingestellt. Die modernen **Museen** sind gewöhnlich barrierefrei, was auch für die meisten **Stadtbusse** gilt. Vorbildlich ist das **Koblenzer Theater** 2, dessen Führungen hinter den Kulissen hin und wieder Gebärdendolmetscher begleiten. **Schwerhörige** profitieren von einer Induktionsschleifenanlage im Großen Haus, die es ermöglicht, Musik und Wort drahtlos auf ein Hörgerät zu übertragen.

Gehörlose und Schwerhörige finden im Hotel Brenner (s. S. 130) Zimmer, die auf ihre Bedürfnisse zugeschnitten sind. Statt eines Weckers holt einen z. B. ein Vibrationskissen aus dem Schlaf.

Am **Bahnhof** gibt es einen Service, der nach Voranmeldung (Tel. 0180 6512512) Menschen mit Behinderung zwischen 6 und 22 Uhr beim Ein- und Ausstieg hilft.

Die **Koblenz-Touristik** stellt PDF-Dateien zur Verfügung, die über behindertengerechte Parkplätze, barrierefreie Gaststätten, Cafés, Sehenswürdigkeiten und öffentliche Toiletten informieren.

› www.visit-koblenz.de/koblenz-erleben/ohne-barrieren

Auf der **Festung Ehrenbreitstein** 19, die zum Großteil barrierefrei ist, bereichern ertastbare Piktogramme den Besuch für Sehbehinderte. Für Hörbehinderte gibt es Festungsführungen in Gebärdensprache (Info-Telefon: 0261 3038814).

Diplomatische Vertretungen

› **Österreichische Botschaft Berlin,** Stauffenbergstr. 1, 10785 Berlin, Tel. +49 (0) 30 202870, www.bmeia.gv.at/oeb-berlin

› **Schweizerisches Generalkonsulat in Frankfurt,** Mendelssohnstrasse 87, 60325 Frankfurt a.M., Tel. +49 (0) 69 1700280, www.eda.admin.ch/frankfurt

Geldfragen

Koblenz ist kein teures touristisches Ziel, was vor allem an den moderaten Hotelpreisen liegt. Alles in allem sollte man bei einer Übernachtung in der Innenstadt und ein paar Museumsbesuchen mit 140–170 € pro Person täglich gut auskommen können.

Koblenz preiswert

› Viel Geld lässt sich mit der **Koblenz Card** sparen. Sie ist 24 Stunden gültig und bietet freie Fahrt in allen **Bussen und Bahnen** im gesamten Stadtgebiet sowie der **Fähre** über den Rhein nach Ehrenbreitstein 19. Außerdem gibt es 50 Prozent Ermäßigung beim Besuch der großen städtischen Museen Mittelrhein-Museum 1 und Ludwig Museum 7, 20 Prozent Ermäßigung auf die Eintritte in die Festung Eh-

Informationsquellen

Infostellen in der Stadt

› **Tourist-Information im Forum Confluentes** 1, Tel. 0261 1291620, www.visit-koblenz.de/tourist-information, tgl. 10–18 Uhr. In der Tourist-Information erhält man auch Tickets für Veranstaltungen. Außerdem gibt es einen Shop mit einer großen Auswahl an attraktiven Koblenz-Souvenirs.

Koblenz im Internet

› **www.koblenz.de:** Offizielle Website der Stadt
› **www.ich-geh-wandern.de/gps-wanderwege/koblenz:** Infoportal mit vielen Wandervorschlägen rund um Koblenz
› **www.rhein-zeitung.de:** Internetportal der Lokalzeitung, das gut und faktenreich informiert
› **www.regionalgeschichte.net:** Informationsseite des Instituts für Geschichtliche Landeskunde mit historischen Informationen zu Koblenz und seiner Geschichte
› **www.uni-koblenz.de:** umfangreiches Portal der Koblenzer Universität mit allen Studienangeboten und wertvollen Servicetipps
› **www.visit-koblenz.de/events/veranstaltungskalender:** Eventportal der Tourist-Information Koblenz

064ko-gs

Koblenz lässt grüßen: Postkartenstand am Rheinufer

renbreitstein 19 und Schloss Stolzenfels 21 sowie Führungen durch die Altstadt zum halben Preis. Weitere Vergünstigungen locken bei der Fahrt mit der Seilbahn 5, bei Schiffsrundfahrten und dem Besuch des Stadttheaters 2. Die Koblenz Card kostet 11 €. Erhältlich ist sie in der Tourist-Information im Forum Confluentes (s. o.).

› „Fürstlich speisen zu Extrapreisen" kann man werktags fast jeden Mittag, wenn zahlreiche Restaurants einen Mittagstisch oder, wie es oft heißt, einen **Business-Lunch** anbieten.

› Beim **Museumsbesuch** sollte man immer bedenken, ob sich ein **Kombiticket** rechnen könnte. Lohnend ist beispielsweise die Kombination von Seilbahn 5 und Festungseintritt 19 samt Festungsaufzug und Rheinfähre („Ringticket", s. S. 45). Auch das Ludwig Museum 7 lässt sich in Kombination mit Seilbahn und Festung besuchen. Deshalb immer mal wieder nachfragen, das kostet ja nix!

Publikationen und Medien

In Koblenz gibt es eine Tageszeitung, die **Koblenzer Rhein-Zeitung** (Website s. S. 121), und daneben meist wöchentlich erscheinende Anzeigenblätter. Lokale **Hörfunk-Informationen** liefern der private Stadtsender Antenne Koblenz sowie die Regionalausgaben des Südwestrundfunks (SWR 4) und des Rheinland-Pfälzischen Rundfunks (RPR1). Außerdem gibt es den regionalen Fernsehsender „TV-Mittelrhein". Aktuelle Zeitungen und Zeitschriften aus der Region liegen auch in der StadtBibliothek (s. S. 19) aus.

Smartphone-Apps

- **Koblenz:** Einkaufs- und Gastronomietipps (kostenlos für iOS und Android)
- **VRM Fahrplan & Tickets:** Fahrplan- und Tariffinder für den Verkehrsverbund Rhein-Mosel, mit Ticketkaufoption (kostenlos für iOS und Android)

LGBT+

Die LGBT-Szene in Koblenz ist relativ überschaubar. **Gayphoria** veranstaltet Events in unterschiedlichen Locations (www.facebook.com/Gayphoria Events). Ein beliebter Treffpunkt ist die Bar Kurioos:

129 [C3] **Kurioos,** Altenhof 5, Tel. 0261 28752203, www.facebook.com/KurioosBar, So., Mi., Do. 19–2, Fr., Sa. 19–3 Uhr

Medizinische Versorgung

Krankenhäuser

130 **Bundeswehrkrankenhaus,** Rübenacher Str. 170, Tel. 0261 28189, www.bwkrankenhaus.de

131 **Gemeinschaftsklinikum Mittelrhein Kemperhof,** Koblenzer Straße 115–155, Tel. 0261 4990, www.gk.de

Meine Literaturtipps

- **111 Tiere und Pflanzen an der Mosel, die man kennen muss,** Emons Verlag, Köln 2019. Beeindruckende Farbaufnahmen von Flora und Fauna nicht weit vor den Koblenzer Toren sowie kurze, prägnante Texte prägen das 240 Seiten starke Buch. Ein Buch für alle, die an purer Natur Gefallen finden.
- Thorsten Lensing, **Mosel,** Bergverlag Rother, Oberhaching 2020. Ein handliches Büchlein für alle, die die Mosel und ihr Hinterland zu Fuß erobern wollen. Detailliert beschreibt der Autor Touren entlang des Moselsteigs. Karten und GPS-Daten erleichtern die Orientierung.
- Marie W. Peter, **Die Festung am Rhein,** Bastei-Lübbe, Köln 2017. Verbotene Liebe und preußische Geschichte mischen sich in dem historischen Roman. In und um die Festung Ehrenbreitstein ist die Story um einen preußischen Leutnant und eine Halbfranzösin angesiedelt. Ein unterhaltsamer und lehrreicher Einstieg in eine Koblenz-Visite!
- **Koblenzer Geheimnisse: Spannendes aus der 2000-jährigen Geschichte mit Kennern der Stadtgeschichte,** Bast Medien, Überlingen 2023. Spannende Geschichten aus der Historie, deren Spuren Besucher in der Stadt finden können.

Medizinische Notrufnummern

- **Notarzt:** Tel. 112
- **Kassenärztlicher Bereitschaftsdienst:** Tel. 116117
- **Zahnärztlicher Notdienst:** Tel. 0180 5040308
- **Kinderärztlicher Notdienst:** Tel. 0261 4992338
- **Apotheken-Notdienst:** Tel. 0800 0022833 oder www.lak-rlp.de
- **Giftnotruf:** Tel. 06131 19240

Apotheken

132 [B3] **Apotheke im Löhr-Center,** Hohenfelder Str. 22, Tel. 0261 12331, Mo.–Sa. 8.30–20 Uhr

133 [B7] **Rheingold-Apotheke,** Hohenzollernstr. 98, Tel. 0261 37700, Mo.–Fr. 8–18.30, Sa. 9–14 Uhr

Mit Kindern unterwegs

Wer Kindern etwas Besonderes bieten will, fährt am besten ins Umland von Koblenz. Doch auch in der Stadt gibt es ein paar Plätze, auf denen sich die Jüngsten austoben können – etwa auf den Spielplätzen vor dem Kurfürstlichen Schloss oder am **Deutschen Eck** 6, wo im Sommer ein großer **Wasserspielplatz** die Massen lockt.

Eine Empfehlung ist der riesige **Kletterspielplatz** auf dem Felsplateau vor der **Festung Ehrenbreitstein** 19, vor allem für ältere Kinder und Jugendliche. Hohe Stege verleiten zum Balancieren, Baumhäuser in luftiger Höhe zum Erobern. Austoben kann man sich auf Trampolinen, Dreh-Karussells und Schaukeln. In der Festungsanlage selbst locken von April bis Oktober **Schnitzeljagden** für Erwachsene und Kinder ab 9 Jahren (www.spurlos-raetselreisen.de). In vielen Hundert Kinderbüchern kann in der **StadtBibliothek** (s. S. 19) im Forum Confluentes geschmökert werden – ideal vor allem an Regentagen!

Die **Koblenzer Puppenspiele** sind ein kleines Puppentheater ohne eigene Bühne, das aber häufig mit seinen oft kostenlosen Aufführungen vor allem für Kinder in und um Koblenz gastiert. Die Website (s. S. 125) listet die aktuellen Gastspieltermine.

Immer einen Besuch mit Kindern wert sind der **Zoo Neuwied** 25, die **RömerWelt Rheinbrohl** 23 und der **Schmetterlingsgarten in Sayn** 26. Besonders spannend ist ein Besuch im **Kletterwald Sayn** (s. S. 65), wo mitten im Wald 140 Stationen aus Seilen und Hindernissen in bis zu 22 m Höhe darauf warten, erobert zu werden.

Mit **Marksburg** 30 und **Burg Eltz** 34 locken zwei mittelalterliche Bauten, welche die Welt der Ritter lebendig werden lassen. Kinderträume können

066ko-gs

Vor dem Schloss 3 findet sich ein Spielparadies

103ko-gs

Mutig voran: Sayns Kletterwald ist ein Publikumsmagnet (s. S. 65)

im **„Baggerado"** wahr werden, einem Paradies für Baggerfahrer. Selbst mit anpacken können Alt und Jung auch im Römerbergwerk Meurin, in dem es alte Bautechniken hautnah zu erkunden gilt: eine spannende Zeitreise in die römische Ära! Auch die **Sommerrodelbahn auf der Loreley** (s. S. 78) ist einen Abstecher wert.

•134 **Baggerado,** Auf dem Teich 1, Nickenich, Tel. 02632 9583949, www.baggerado.de, Sa./feiertags 10–18 Uhr, wochentags nur nach Absprache. Bagger-Erlebnislandschaft mit Indoor-Bagger-Halle zwischen Rhein und Laacher See. Für Kinder ab 6 Jahren. Mit den größeren Kettenfahrzeugen können ganze Familien auf Baggertour gehen.

135 **Deutsches Vulkanmuseum Lava-Dome,** Brauerstr. 1, 56743 Mendig, Tel. 02652 9399222, www.lava-dome.de, Di.–So. 10–17.30 Uhr (letzter Einlass 16.45 Uhr), während der Schulferien auch Mo., Eintritt 7,50 €, Kinder unter 1 m Körpergröße frei, erm. 4,30–7 €, Besichtigung der Lavakeller zusätzlich 2 € (warme Kleidung nicht vergessen). Computeranimationen erzählen von den Vulkanausbrüchen vor vielen zehntausend Jahren in der Eifel. Kinder stillen ihre Neugier an Versuchs- und Experimentierstationen, die von den Erdkräften

MEIN TIPP

Loks lassen Kinderherzen höher schlagen

Warum nicht mal ins Eisenbahnmuseum? Nur wenige Einrichtungen sind so kinderfreundlich wie das **DB Museum Koblenz** (s. S. 84) im Stadtteil Lützel. In dem ehemaligen Ausbesserungswerk für Güterwagen kann man heute nach Herzenslust alte Dampfrösser besteigen oder durch Salonwagen streifen. Rund 40 Loks, von der Dampf- bis zur Elektrolokomotive, finden sich neben einem halben Hundert Waggons, die hin und wieder im Rahmen nostalgischer Sonderzugfahrten zum Einsatz kommen. Zu den Prunkstücken gehören der Wagen, mit dem Konrad Adenauer nach Moskau fuhr und ein Salonwagen, mit dem die Beatles tourten. Dazu kommen viele hundert maßstabsgerechte Modelle von Loks und Wagen.

Das von Ehrenamtlern geführte Museum ist nur samstags geöffnet.

des Planeten zeugen. Ein Ort zum Staunen und Entdecken!

› **Koblenzer Puppenspiele,** Tel. 0170 8393018, www.koblenzer-puppenspiele.de

•136 **Piratenland Neuwied,** Igelweg 7, Neuwied, Tel. 02622 921770, https://piratenland-neuwied.de, Mo.–Fr. 14–18.30, Sa., So. 10.30–18.30 Uhr, Eintritt Mo.–Fr. 13,50 €, Sa., So. 14,50 €. Rutschbahnen und Hüpfburgen satt, Klettergerüst und Elektro-Kartbahn.

•137 **Römerbergwerk Meurin,** Nickenicher Straße, 56630 Kretz, Tel. 02632 98750, www.roemerbergwerk.de, Mitte März–Okt. Di.–So. 10–17 Uhr, 6 € (Kinder 3,20 €)

Notfälle

Notrufnummern

› **Polizei:** Tel. 110

› **Feuerwehr und Rettungsdienst:** 112

Fundbüro

•138 **Fundbüro der Stadt Koblenz,** Blücherstr. 40, Tel. 0261 1294402

› **Fundservice der Deutschen Bahn,** Fundsachenbüro im Bahnhof 16, Bahnsteig Gleis 1, Mo.–Fr. 8–16 Uhr

Kartenverlust

Bei **Verlust der Debit/Giro-, Kredit- oder SIM-Karte** gibt es für Kartensperrungen eine **deutsche Zentralnummer** (unbedingt vor der Reise klären, ob die eigene Bank bzw. der jeweilige Mobilfunkanbieter diesem Notrufsystem angeschlossen ist). **Aber Achtung:** Mit der telefonischen Sperrung sind die Bezahlkarten zwar für die Bezahlung/Geldabhebung mit der PIN gesperrt, nicht jedoch für das **Lastschriftverfahren mit Unterschrift.** Man sollte daher auf jeden Fall den Verlust zusätzlich **bei der Polizei zur Anzeige bringen,** um gegebenenfalls auftretende Ansprüche zurückweisen zu können.

In **Österreich** und der **Schweiz** gibt es keine zentrale Sperrnummer, daher sollten sich Besitzer von in diesen Ländern ausgestellten Debit- oder Kreditkarten vor der Abreise bei ihrem Kreditinstitut über den zuständigen Sperrnotruf informieren.

Generell sollte man sich immer die **wichtigsten Daten** wie Kartennummer und Ausstellungsdatum **separat notieren,** da diese unter Umständen abgefragt werden.

› **Deutscher Sperrnotruf:** Tel. +49 116116 oder Tel. +49 3040504050

› **Weitere Infos:** www.kartensicherheit.de, www.sperr-notruf.de

Post

✉139 [B6] **Hauptpost,** Bahnhofplatz 9, Tel. 0180 23333, Mo.–Fr. 8.30–14 und 15–18.30, Sa. 8.30–13.30 Uhr

Radfahren

Auch in Koblenz prägen Radfahrer immer stärker das Stadtbild. Allerdings sollte man wissen, dass nur die am Rhein gelegene Innenstadt und die ebenfalls an Rhein und Mosel gelegenen Vororte ein Fahrradparadies sind, ansonsten fordert das **bergige Hinterland** doch arg die Radlerwaden. Für anspruchsvolle Biker gibt es in Boppard 31 und Bad Ems 28 eigene **Bikeparks.** Koblenz liegt am **Rheinradweg** (www.rheinradweg.eu) und am **Moselradweg** (mosel-radweg.de). Dazu kommen mehr als 150 Ki-

lometer städtische Radwege, über die die Stadt informiert.

› www.koblenz.de/umwelt-und-planung/mobilitaet/radfahren-in-koblenz

Am **Bahnhof** 16 gibt es ein eigenes, videoüberwachtes **Fahrradparkhaus** für alle, die ihr Rad nicht auf den Stadtspaziergang mitnehmen wollen. Eine Werkstattsäule hilft dort auch bei kleineren Reparaturen weiter. Für die Nutzer von **Elektrofahrrädern** gibt es unter anderem vor dem Rathaus 13 und im Park vor der Festung Ehrenbreitstein 19 **Ladesäulen.** Fahrräder können in öffentlichen Verkehrsmitteln der Region in der Regel kostenlos mitgenommen werden – nicht aber werktags vor 9 Uhr.

Fahrradverleih

•140 [B7] **Micha's Rad-Atelier,** Hohenzollernstr. 119, Tel. 0261 97333166, www.rad-atelier.de, Mo.–Fr. 10–18, Sa. 10–14 Uhr. Kleines Unternehmen mit Fahrrädern, E-Bikes und E-Falträdern im Mietangebot – besonders preiswert übers Wochenende.

Sicherheit

Koblenz gehört zu den sichersten deutschen Städten. Kapitalverbrechen sind äußerst selten, allerdings gibt es auch hier wie überall Betrug, Raub und Sachbeschädigung. Man sollte sein Fahrzeug deshalb über Nacht, wenn es nicht gerade in einer Garage steht, immer entladen. In der Altstadt machen jugendliche Vandalen hin und wieder vor allem am Wochenende den Ordnungsbehörden Probleme. Wer auf seine Wertgegenstände achtet – oder sie noch besser zu Hause lässt – braucht sich aber keine Sorgen zu machen!

141 [B3] **Polizeipräsidium Koblenz,** Moselring 10/12, Koblenz, Tel. 0261 1030

Koblenz und Umgebung lassen sich hervorragend mit dem Fahrrad erkunden

Sport und Erholung

Auf dem Wasser

Der Statt Strand (s. S. 95) am Ende der Universitätsstraße im Stadtteil Metternich bietet im Sommer die Möglichkeit, die **Mosel** hautnah zu erleben. Dort nämlich kann man Bretter leihen, um den Fluss als **Stand-up-Paddler** zu befahren. Samstags und sonntags um 11 Uhr gibt es neunzigminütige Schnupperkurse für alle, die mehr über den Trendsport erfahren wollen.

› www.supstationkoblenz.de

Ruder- und Tretbootfahren kann man auf dem Laacher See (s. S. 60).

Gefahren beim Baden im Rhein

Auch wenn es noch so verlockend ist: Das **Baden** in Rhein und Mosel ist **gefährlich.** Fast jedes Jahr müssen Feuerwehr oder Wasserschutzpolizei Übermütige, die die Strömung der Flüsse unterschätzt haben, aus dem Wasser ziehen. Trügerische Sicherheit vermitteln vor allem die vielen Landzungen, die in den Rhein ragen. Großes Gefahrenpotenzial bieten auch Hafenanlagen, Verlade- und Landungsbrücken, Stauwehre und Schleusen.

116ko-gs

Stadttouren

Die Tourist-Information bietet die meiste Zeit des Jahres täglich um 10.30 Uhr einen **Stadtrundgang** an, donnerstags und samstags gibt es um 15 Uhr eine zusätzliche Führung. Kundige Stadtführer erzählen Geschichten über das römische Confluentes und das mittelalterliche Koblenz und verraten, wo die Kurfürsten einst residierten. Treffpunkt ist die Tourist-Info im Forum Confluentes (s. S. 121) am Zentralplatz. Die Tour kostet 9 € (Kinder bis 12 Jahre 4 €). Hin und wieder gibt es **Kostümführungen**, bei denen die Guides in die Rollen berühmter und weniger berühmter Zeitgenossen schlüpfen.

Ein Stadtbähnchen, der **Altstadtexpress**, steuert von Ostern bis Ende Oktober die wichtigsten Sehenswürdigkeiten der Altstadt in einer gut halbstündigen Tour an. Individueller und umweltfreundlicher ist man mit dem **Velotaxi** unterwegs, das bei gu-

Der Altstadtexpress vor dem Preußischen Regierungsgebäude am Konrad-Adenauer-Ufer 4

tem Wetter rund 45 Minuten kreuz und quer durch die Stadt fährt.

- **Velotaxi**, www.velotaxi-koblenz.de, Tel. 0171 3105969, Tour (1 Std.) 65 €
- **Altstadtexpress,** Tel. 0261 9622715, www.altstadtexpress.de, Ostern-Ende Okt. tgl. 10–17 Uhr, Start stündlich vor der Kastorkirche 8, in der Hochsaison häufiger, 8 €, Familientarif 19 €

Unterkunft

In Koblenz stehen ein paar Tausend Betten in allen Preisklassen zur Verfügung – die meisten im unteren und mittleren Preissegment. Auch außerhalb der Innenstadt locken empfehlenswerte, meist privat geführte Hotelbetriebe. Im Vergleich zu anderen Städten überrascht die Stadt mit einem sehr guten Preis-Leistungs-Verhältnis im Hotelbereich. So gibt es – abgesehen von Großveranstaltungstagen wie „Rhein in Flammen" (s. S. 104) – die meiste Zeit des Jahres komfortable Doppelzimmer zwischen 100 und 120 €.

Buchungsportale

Neben Buchungsportalen für **Hotels** (z. B. www.booking.com, www.hrs.de oder www.trivago.de) bzw. für **Hostels** (z. B. www.hostelworld.com) gibt es auch Anbieter, bei denen man **Privatunterkünfte** buchen kann. Portale wie www.airbnb.de oder www.wimdu.de vermitteln Wohnungen, Zimmer oder auch nur einen Schlafplatz auf einer Couch. Diese oft recht günstigen Übernachtungsmöglichkeiten sind nicht unumstritten, weil manchmal normale Wohnungen gewerblich missbraucht werden. Einige Städte greifen deshalb regulierend ein.

Unterkunftsempfehlungen

Gut und günstig

- **Jugendherberge Festung Ehrenbreitstein** €, Festung Ehrenbreitstein 19, Tel. 0261 972870, www.jugendherberge.de. **Unterkunft mit Traumblick:** 157 Betten in der autofreien Festungsanlage hoch über dem Rhein. Ein- oder Zweibettzimmer und größere Wohneinheiten, alle mit Dusche und WC, sehr familienfreundlich.

142 [C3] **Super 8 by Wyndham Koblenz** €, Clemensstraße 32, Tel. 0261 9609900, www.wyndhamhotels.com. **Einfach und preiswert:** Zentral gelegenes und modernes Haus mit Klimaanlage, in dem auch kleine Hunde willkommen sind.

Für die ganze Familie

143 [B6] **GHOTEL** €€, Neversstr. 15, Tel. 0261 2002450, www.ghotel.de. **Wohnen direkt am Hauptbahnhof:** Modernes, klimatisiertes Haus vor einer großen Bushaltestelle, die einen schnell in die ganze Umgebung bringt. Für alle, die aufs Auto gern verzichten.

144 [C4] **sander Hotel** €-€€, Casinostr. 17, Tel. 0261 88968720, www.sander-hotel.com. **Modernes Innenstadt-Hotel:** Für den Komfort in den einfach gehaltenen Zimmern sorgen Boxspringbetten und eine Klimaanlage.

145 [A5] **Top Hotel Krämer** €-€€, Kardinal-Krementz-Str. 12, Tel. 0261 406200, www.tophotel-k.de. **Familienhotel in dritter Generation:** Das barrierefreie Drei-Sterne-Haus zwischen Alt- und Neustadt verfügt über Allergiker-Zimmer.

Schön gelegen

146 [F4] **Diehl's Hotel** €-€€, Rheinsteigufer 1, Tel. 0261 97970, www.diehls-hotel.de. **Wohnen und Speisen am Rhein:** Privat geführtes Vier-Sterne-Hotel mit Nachhaltigkeitszertifikat im Stadtteil Ehrenbreitstein mit großem Restaurant

Preiskategorien Unterkünfte

Preis für ein Doppelzimmer ohne Frühstück:

€	bis 110 €
€€	110–160 €
€€€	über 160 €

und kostenloser Tiefgarage. Sogar die Sauna bietet Rheinblick!

147 **Moselhotel Hähn** €-€€, Wolfskaulstr. 94, Tel. 0261 947230, www.moselhotel-haehn.de. **Familienbetrieb an der Mosel:** Vier-Sterne-Haus in den Weinbergen im Stadtteil Güls, Spa-Bereich, Sauna und gutes Restaurant.

Wohlfühlen und genießen

148 **Hotel Weinhaus Zum schwarzen Bären** €-€€, Koblenzer Str. 35, Tel. 0261 4602700, www.zumschwarzenbaeren.de. **Familienbetrieb mit guter Küche:** 22 geräumige Zimmer im Stadtteil Moselweiß mit Boxspringbetten, Fahrradverleih, Biergarten und regionaler Frischeküche.

•149 **Kloster Arenberg** €€-€€€, Cherubine-Willimann-Weg 1, Tel. 0261 64012090, www.kloster-arenberg.de. **Genießen im Kloster:** Meditieren, durch den Kräutergarten schlendern oder sich im Schwimmbad oder Fitnessraum ertüchtigen. Die Dominikanerinnen im rechtsrheinischen Arenberg bieten Selbstfindung und Urlaub nach Maß, in dem sie auch mit Massagen verwöhnen! Im Übernachtungspreis ist neben Frühstück auch Mittag- und Abendessen enthalten.

Ausgefallene Konzepte

150 **Flipperhotel** €-€€, Neuwied, Heddesdorfer Str. 1, Tel. 0162 6360157, www.flipperhotel.de. **Extraball in Neuwied:** Nur drei Zimmer hat das Flipperhotel im

MEIN TIPP

Wohnen an der Mosel

Direkt an der Mosel liegt das modern gestaltete und mit kostenlosen Parkplätzen ausgestattete Koblenzer Hotel. Es verwöhnt mit einem Pool samt Gegenstromanlage, einer Sauna mit Moselblick, Kneippbecken und großem Spa-Angebot, das auch Tagesgäste nutzen können. Die zwei Restaurants Landgang (s. S. 90) und Gotthardt's (s. S. 89) mit großer Terrasse am Flussufer bieten einen werktäglichen Business-Lunch und von Mittwoch bis Samstag abends gehobene Küche, die gern auch vegetarisch auf den Tisch kommt. Den Köchen kann man bei ihrer Arbeit in der offenen Küche zusehen. Spätabends ist die Bar Treffpunkt aller, die bei Loungemusik den Tag ausklingen lassen wollen. Wer auf die tägliche Reinigung seines Zimmers verzichtet, erhält ein Freigetränk und 2,50 € gehen an eine Umweltorganisation.

151 **Hotel Fährhaus** €€€, An der Fähre 3, Tel. 0261 201710, https://faehr.haus

Die Hotelbar im Fährhaus

114ko-gs

benachbarten Neuwied, jedes allerdings mit einem Flipper zur kostenlosen Nutzung. Flipperfans kommen da kaum zum Schlafen (siehe auch S. 61)!

152 [C5] **Hotel Brenner** €€-€€€, Rizzastr. 20, Tel. 0261 915780, www.hotelbrenner.de. **Vibrationskissen zum Wecken:** Privat geführtes Haus mit Einzel-, Doppel- und Dreibettzimmern. Einige Räume sind für gehörlose und schwerhörige Gäste klassifiziert, die den Schläfer per Vibrationskissen wecken. Spa und Massage-Angebote.

Vierbeiner willkommen

153 Contel Koblenz €€, Pastor-Klein-Straße 19, Tel. 0261 40650, www.contel-koblenz.de. **Napf und Decke extra:** Direkt an der Mosel mit Sauna und großem Biergarten im Sommer liegt dieses tierfreundliche Hotel. An der Leine darf jeder Vierbeiner sogar mit ins Hotelrestaurant!

Zeltplätze und Wohnmobilstellplätze

154 Campingplatz Gülser Moselbogen €, Am Gülser Moselbogen 20, Tel. 0261 44474, www.moselbogen.de. **Urlaub an der Mosel:** Ganzjährig geöffneter, hochwassersicherer Platz. Alle 70 Stellplätze mit Strom- und WLAN-Anschluss. Dazu kommen 15 Zeltplätze. Hunde willkommen! Neu ist die Übernachtungsmöglichkeit in bereits vor Ort stehenden sog. Schäferwagen, liebevoll auf altmodisch getrimmten Tiny Houses.

155 [E1] **Knaus Campingpark Rhein-Mosel** €, Schartwiesenweg 6, Tel. 0261 82719, www.knauscamp.de. **Campen mit Traumblick:** Einmalig gelegener und ganzjährig geöffneter Campingplatz am linken Moselufer mit über 200 Stellplätzen und modernen Sanitäranlagen. Eine Personenfähre fährt vom Platz zum Deutschen Eck. Gästeattraktion sind die sogenannten Campingfässer – Miniholzhäuser in Fassform.

156 Wohnmobilhafen Am Kränchen €, Johannesstr. 41, Tel. 0171 8309646, www.wohnmobilhafen-lahnstein.de. **An der Lahnmündung:** geräumiger Stellplatz in Lahnstein. Ideal für Hundebesitzer. Duschen und Sanitäranlagen.

Verkehrsmittel

Busse und Bahnen

Viele Tausend Busse und Bahnen verkehren im **Großraum Koblenz** – auch zu den meisten im Buch erwähnten Sehenswürdigkeiten – unter der Regie des **Verkehrsverbunds Rhein-Mosel (VRM).** Seine vielen Dutzend Konzessionäre versorgen mehr als eine Million Menschen in der Region mit über 4600 Bus- und 145 Bahnhaltestellen. Der Verbund operiert in weiten Teilen des Westerwalds, der Eifel, des Taunus und des Hunsrücks sowie an Rhein, Mosel, Ahr und Lahn. Inzwischen sind auch ein Großteil der Fähren Teil des Verkehrsverbunds. Für Fahrten in der **Großregion** empfehlen sich Tageskarten (26,10 €) oder Dreitageskarten (52,20 €). Der VRM bietet auch eine **Fahrplan- und Ticket-App** an (s. S. 122).

In der **Stadt Koblenz**, die von den **Koblenzer Verkehrsbetrieben** (koveb) versorgt wird, sind Reisende ebenfalls gewöhnlich mit einer Tageskarte (5,40 €) oder einer Dreitageskarte (10,80 €) bestens bedient. Gruppen von bis zu fünf Personen, ganz gleich ob Erwachsene oder Kinder, fahren

▷ Rheinfähren wie die zwischen St. Goar und St. Goarshausen 32 erleichtern die Reiseplanung in der Welterbe-Region

am besten mit einer Minigruppen-Tageskarte (9,70 €). Gegen 23.30 Uhr fahren die letzten **Nachtbusse** in die meisten Stadtteile, noch spätere Fahrten gibt es nur freitag- und samstagnachts sowie vor Feiertagen.

Tickets gibt es an Automaten, beim Fahrer, an den Verkaufsstellen Bus-Infozentrum im Löhr-Center (s. S. 97) und Koblenz Touristik (s. S. 121), online über die Deutsche Bahn und per App **VRM Fahrplan & Tickets** (s. S. 122). Inhaber einer Bahncard genießen in Koblenz Preisvorteile. Eine Chipkarte namens **eTicket** ist gegen 5 € Pfand an den Vorverkaufsstellen der Koblenzer Verkehrsbetriebe zu haben. Sie wird mit einem beliebigen Guthaben bestückt und kann u. a. auch direkt beim Busfahrer aufgeladen werden. Über Fahrpreise, Streckenführungen und Fahrzeiten informieren die Websites der Verkehrsbetriebe.

› www.koveb.de, Fahrkartenberatung Tel. 0261 91163333
› www.vrminfo.de, Fahrplanauskunft: Tel. 0800 5986986 (tgl. 8–20 Uhr)

Schiffe und Fähren

Am Rheinufer finden sich die Anlegestellen der **Köln-Düsseldorfer Deutsche Rheinschifffahrt AG**, die allgemein als **„Weiße Flotte“** bekannt ist. Von April bis Oktober starten dort die Linienschiffe zu ihren Touren. Daneben gibt es einige **private Schifffahrtslinien**, die meist ab Ostern bis Ende Oktober auf Rhein und Mosel verkehren. Auch zum größten Touristen-Spektakel am Mittelrhein, dem „Rhein in Flammen“ (s. S. 104), gibt es Schiffsreisen.

Zahlreiche **Fährverbindungen** über Mosel und Rhein erleichtern das Reisen in der Region. In Koblenz selbst verbindet der **„Schängel“** – eine Per-

070ko-gs

sonenfähre – die Kernstadt mit dem rechtsrheinischen Stadtteil Ehrenbreitstein 18 (Ostern–Okt. Mi.–Mo. zwischen 9 und 18.30 Uhr). Die Fähre ist auch mit den Tickets des öffentlichen Personennahverkehrs zu nutzen. Und auch vom rechten Moselufer verkehrt die meiste Zeit des Jahres die „Liesel“, eine Personenfähre, nach Bedarf und auf Zuruf vom Deutschen Eck zum gegenüberliegenden Knaus Campingpark Rhein-Mosel (s. S. 130).

- **Köln-Düsseldorfer,** Tel. 0261 31030, www.k-d.com
- **www.merkelbach-personenschiffe.de**
- **https://gilles-personenschifffahrt.de**
- **www.schiff-lapaloma.de**

Taxi

Taxistände finden sich in der Innenstadt unter anderem am Hauptbahnhof 16, am Zentralplatz [C3/4] und am Löhr-Center (s. S. 97). Eine Alternative ist der Fahrdienstleister Uber, dessen Dienste über die entsprechende App (www.uber.com) in Anspruch genommen werden können.

- **Taxi Koblenz,** Tel. 0261 33055, www.taxi-koblenz.org. Die Website des Unternehmens bietet einen Tarifrechner, mit dem man die Taxikosten im Voraus ungefähr ermitteln kann.
- **City Taxi Koblenz,** Tel. 0261 8899660, www.taxi-in-koblenz.de

Wetter und Reisezeit

Eigentlich ist Koblenz bei jedem Wetter und das ganze Jahr über ein lohnendes Reiseziel. Besonders schön ist es aber im **Sommer** und **Herbst,** dann stehen an Rhein und Mosel viele Feste und die Weinlese an. Außer an wenigen Wochenenden, wenn Großveranstaltungen wie „Rhein in Flammen“ locken, ist die Stadt nie überlaufen. Reisende kommen deshalb fast immer auf ihre Kosten.

In Koblenz muss man aber immer auch mit **Regen** rechnen, der in den Sommermonaten am heftigsten ausfällt. Kältester Monat ist der Januar, Juli und August sind am wärmsten. Im Winter sinken die Temperaturen nur bei stabilen Hochdrucklagen länger unter die Null-Grad-Grenze. Im Sommer dagegen ist häufig mit schwüler Hitze zu rechnen.

Im Herbst und Winter kann zäher **Nebel** an Rhein und Mosel die Reiselust trüben, dann jedoch zeigt sich auf den Höhen der umliegenden Mittelgebirge häufig die Sonne. Es ist das ideale Wetter für entsprechend ausgerüstete Wanderer. Wege, die im Sommer überlaufen sind, hat man dann oft für sich.

Durchschnitt	Wetter in Koblenz											
Maximale Temperatur	3°	5°	9°	13°	18°	21°	23°	23°	20°	14°	7°	4°
Minimale Temperatur	–1°	–1°	1°	4°	8°	11°	13°	12°	10°	6°	2°	0°
Regentage	12	10	12	10	12	11	10	10	9	9	12	12
	Jan	Febr	März	Apr	Mai	Juni	Juli	Aug	Sept	Okt	Nov	Dez

006ko-gs

Register

A

Abtei Sayn 65
Alte Burg 33
Altstadt 15
Altstadtexpress 127
Altstadtfest 103
Andernach 53
Anreise 118
Antiquitäten 98
Apotheken 123
Apps 45, 122
Arzt 122
Augenroller 35
Augusta-Fest 103
Ausgehen 93
Autofahren 119

B

Bad Ems 66
Baden im Rhein 127
Baedeker, Karl 40, 115
Bahn 118, 130
Bahnhof 42, 118
Barrierefreies Reisen 120
Bars 96
Basilika St. Kastor 30
Behinderte 120
Beikirch, Hendrik 86
Benutzungshinweise 143
Bevölkerung 112
Bier 88
Biergärten 94
Boppard 71
Botschaft 120
Brücken 107
Buchungsportale 128
Bundesarchiv 13
Bundesgartenschau 2029 114
Burg Eltz 79
Burg Rheinfels 74
Bus 118, 130

C

Cafés 91
Camping 130
Christmas Garden 104
Christuskirche 42
Citykirche 38
Clubs 96
Cochem 80

D

Dähler Born 45
DB Museum Koblenz 84, 124
Debitkarte 125
Deutsches Eck 26
Deutschherrenhaus 29
Dikasterialgebäude 45
Diplomatische Vertretungen 120
Discos 96

E

EC-Karte 125
Ehrenbreitstein 43
Einkaufen 96
Einwohner 112
Eisenkunstgussmuseum 63
Eissalons 91
Electronic Wine 103
Emser Therme 68
Erfinderbrunnen 85
Erholung 127
Essbare Stadt 53
Essen 87
Extraball. Deutsches Flippermuseum Neuwied 61

F

Fähren 131
Fahrrad 125
Fastnachtsmuseum 43
Fernbus 118
Feste 103
Festung Ehrenbreitstein 45
Festung Großfürst Konstantin 43
Festungsaufzug 46
Flippermuseum Neuwied 61
Florinskirche 34
Florinsmarkt 34
Florinus vom Vinschgau 34
Flughafen 118
Fort Konstantin 43

Forum Confluentes 16
Fremdenverkehrsamt 121
Fundbüro 125

G
Galerien 85
Gärten 101
Garten der Schmetterlinge 65
Gastronomie 87
Geld 120
Geschichte der Stadt 108
Getränke 88, 100
Geysir 53
Girocard 125
Görresplatz 40
Graffiti 86

H
Häcker's Grand Hotel 68
Handy 122
Hendrik Beikirch 86
Herz-Jesu-Kirche 42
Hitler-Tagebücher 13
Höhr-Grenzhausen 65
Homosexuelle 122
Hotels 128
Hunsrück-Bahn 72

I, J
Informationsstellen 121
Insel Niederwerth 101
Internationales
Gaukler- und Kleinkunstfestival 103
Internet 121
Jesuitenplatz 38
Johanniskirche (Lahnstein) 69
Josefskirche 42
Joseph-Görres-Denkmal 23
Jugendherberge 128

K
Kaiserin-Augusta-Anlagen 21
Kaiserin Augusta – Das Fest 103
Kaiser-Wilhelm-Denkmal 26
Kaltwasser-Geysir Andernach 53
Kannenbäckerland 65
Kapuzinerkirche 45
Karmeliterkirche (Boppard) 73
Karneval 103
Kartensperrung 125
Karthause 41
Kastorbrunnen 30
Kastorkirche 30
Keramikmuseum Westerwald 66
Kinder 123
Kleinkunst 95
Kloster Maria Laach 57
Koblenz Card 120
Koblenzer Bierbörse 103
Koblenzer Literaturtage 103
Koblenzer Puppenspiele 125
Koblenzer Schängel-Markt 104
Koblenzer Weinfest Lay 104
Koblenz International
Guitar Festival & Academy 103
Köln-Düsseldorfer
Deutsche Rheinschifffahrt AG 131
Konrad-Adenauer-Ufer 21
Konzerte 95
Kowelenzer Platt 112
Krankenhaus 122
Kreditkarte 125
Küche, regionale 87
Kunstgalerien 85
Künstlerhaus Metternich 84
Kurfürstliches Schloss 20
Kurpark (Bad Ems) 67
Kur- und Stadtmuseum (Bad Ems) 68

L
Laacher See 57
Lahnstein 69
Landesmuseum Koblenz 45
Landschafts-Bilderbibel 13, 102
Lange Nacht der Koblenzer Museen 104
Lenné, Peter Joseph 24
Lesben 122
LGBT+ 122
Liebfrauenkirche 36
Limes 54
Literaturtipps 122
Lokale 89
Loreley 75
Ludwig Museum 29

Lumpenglocke 37
Lüpertz, Markus 42

M
Maria Laach 57
Marksburg (Braubach) 70
Märkte 100
Martinsumzüge 104
Medien 122
Medizinische Versorgung 122
Mittelrhein-Museum 16
Mittelrhein Musikfestival 103
Moselanlagen 32
Mosellum 34, 85
Moselradweg 125
Motorradfahrer 119
Mundart 112
Münzplatz 36
Museen 84
Musikkneipen 96
Mutter-Beethoven-Haus 45
Mythenpfad 75

N
Nachtleben 93
Neustadt 41
Neuwied 60
Notfälle 125
Notrufnummern 123, 125

O, P
Outlets 100
Pannennotruf 119
Parken 119
Parks 101
Peter-Altmeier-Ufer 32
Pfaffendorfer Brücke 22
Pfarrkirche St. Severus (Boppard) 73
Polizei 126
Post 125
Preisniveau 120
Puppenspiele 125

R
Radfahren 125
Rathaus 38
Rauchen 93
Reichsburg Cochem 82
Reisezeit 132
Restaurants 89
Rhein-Anlagen 21
Rheinbrücke 22
Rhein in Flammen 104
Rheinisches Eisenkunstgussmuseum 63
Rheinisches Fastnachtsmuseum 43
Rhein-Museum Koblenz 45
Rheinradweg 125
RheinVokal 103
Ringticket 45
Römer-Kastell (Boppard) 73
RömerWelt Rheinbrohl 56
Rundgang 14

S
Sayn 62
Sayner Hütte 62
Schängel 112
Schängelbrunnen 39
Schiffe 131
Schloss 20
Schlossgarten 21
Schloss Stolzenfels 51
Schmetterlingsgarten 62
Schwule 122
Seilbahn 25
Shopping 96
Sicherheit 126
Sommerrodelbahn 78
Souvenirs 97, 99
Spartipps 120
Speisen 87
Sperrnummer 125
Sport 127
StadtBibliothek 19
Stadtgeschichte 108
Stadtspaziergang 14
Stadttheater 18
Stadttouren 127
Stadtwappen 108
Stand-up-Paddling 127
St. Florin 34
St. Goar 73
St. Goarshausen 73
St. Kastor 30

Stolzenfels 51
Street-Art 86
Stübben, Hermann Joseph 41
SUP 127

T
Talstation Kurwaldbahn 68
Taxi 132
Termine 103
Theater 18, 95
Toiletten 120
Töpferkurse 66
Tourist-Information 121
Trinken 88
Tucholsky, Kurt 27

U, V
UNESCO-Weltkulturerbe 114
Unterkunft 128
Vegetarier 90
Veranstaltungen 103
Verkehrsmittel 130
Vierseenblick (Boppard) 73
Vorwahlen 143

W
Wehrtechnische
Studiensammlung Koblenz 50
Weihnachtsmarkt 104
Wein 88, 100
Weinberg 13
Weinstuben 94
Weiße Flotte 131
Welterbe „Kulturlandschaft
Oberes Mittelrheintal" 114
Weltkulturfestival Horizonte 104
Werksverkauf 100
Wetter 132
WLAN 19
Wohnmobilstellplätze 130

Z
Zeichenerklärung 143
Zelten 130
Zollturm am Wirtshaus an der Lahn 69
Zoo Neuwied 60
Zug 118

Koblenz mit PC, Smartphone & Co.

QR-Code auf dem Umschlag scannen oder **www.reise-know-how.de/citytrip/koblenz24** eingeben und die **kostenlose Web-App** aufrufen (Internetverbindung zur Nutzung nötig)!

★ **Anzeige der Lage und Satellitenansicht aller** beschriebenen Sehenswürdigkeiten und weiteren Orte
★ **Routenführung** vom aktuellen Standort zum gewünschten Ziel
★ **Exakter Verlauf** des empfohlenen Stadtspaziergangs
★ **Updates** nach Redaktionsschluss

GPS-Daten zum Download

Die GPS-Daten aller Ortsmarken und des Spaziergangs stehen auf der Produktseite des Titels auf www.reise-know-how.de zum Download zur Verfügung.

Stadtplan für mobile Geräte

Um den Stadtplan auf Smartphones und Tablets zu nutzen, empfehlen wir die App „Avenza Maps" der Firma Avenza™. Über die Funktion „Store" kann die „Citymap Koblenz 2024" kostenlos geladen werden.

Das ist
noch nicht alles!
Mehr Reise Know-How gibt es hier:
www.reise-know-how.de
Reiseführer | CityTrip | MeinTrip | InselTrip

REISE KNOW-HOW
@ReiseKnowHow
@reiseknowhowverlag
@Reise_KnowHow
auf www.reise-know-how.de
für den Newsletter anmelden
Zugspitze, Foto: Aneta Niemitz
Wohnmobil-Tourguide | Kauderwelsch | Landkarten | Soul Places

Impressum

Günter Schenk

CityTrip Koblenz

4., neu bearbeitete und aktualisierte Auflage 2024

ISBN 978-3-8317-3918-9

Printed in Germany

Druck und Bindung:
mediaprint solutions GmbH, Paderborn

Herausgeber: Klaus Werner
Layout: amundo media GmbH (Umschlag, Inhalt), Peter Rump (Umschlag)
Lektorat: amundo media GmbH
Karten: Ingenieurbüro K. Wendler, amundo media GmbH
Anzeigenvertrieb: KV Kommunalverlag GmbH & Co. KG, Alte Landstraße 23, 85521 Ottobrunn, Tel. 089 928096-0, info@kommunal-verlag.de
Kontakt: Reise Know-How Verlag Peter Rump GmbH, Osnabrücker Str. 79, 33649 Bielefeld, Deutschland, Tel. +49-521-946490, info@reise-know-how.de

Alle Angaben in diesem Buch sind gewissenhaft geprüft. Preise, Öffnungszeiten usw. können sich jedoch schnell ändern. Für eventuelle Fehler übernehmen Verlag wie Autor keine Haftung.

Bildnachweis
Umschlagvorderseite: ©engel.ac, stock.adobe.com | Umschlagrückseite: ©oxie99, stock.adobe.com
Umschlagklappe rechts: Günter Schenk
Soweit ihre Namen nicht vollständig am Bild vermerkt sind, stehen die Kürzel an den Abbildungen für die folgenden Fotografen, Firmen und Einrichtungen. Günter Schenk: gs

Liste der Karteneinträge

1 [C3] Forum Confluentes mit Mittelrhein-Museum S. 16
2 [D4] Theater Koblenz S. 18
3 [D4] Kurfürstliches Schloss S. 20
4 [E4] Rhein-Anlagen (Konrad-Adenauer-Ufer und Kaiserin-Augusta-Anlagen) S. 21
5 [E2] Seilbahn S. 25
6 [E2] Deutsches Eck mit Kaiser-Wilhelm-Denkmal S. 26
7 [E2] Ludwig Museum (Deutschherrenhaus) S. 29
8 [E2] Basilika St. Kastor S. 30
9 [E2] Moselanlagen (Peter-Altmeier-Ufer) S. 32
10 [C2] Florinskirche und Florinsmarkt S. 34
11 [C3] Münzplatz S. 36
12 [C3] Liebfrauenkirche und Umgebung S. 36
13 [D3] Jesuitenplatz mit Rathaus und Citykirche S. 38
14 [D3] Schängelbrunnen S. 39
15 [D3] Görresplatz S. 40
16 [B6] Bahnhof und Bahnhofplatz S. 42
17 [A6] Fort Konstantin (Rheinisches Fastnachtsmuseum) S. 43
18 [F3] Ehrenbreitstein S. 43
19 [G2] Festung Ehrenbreitstein und Landesmuseum Koblenz S. 45
20 [Faltplan] Wehrtechnische Studiensammlung Koblenz S. 50
21 [Faltplan] Schloss Stolzenfels S. 51
22 [Faltplan] Kaltwasser-Geysir Andernach S. 53
23 [Faltplan] RömerWelt Rheinbrohl S. 56
24 [Faltplan] Kloster Maria Laach mit Laacher See S. 57
25 [Faltplan] Zoo Neuwied S. 60
26 [Faltplan] Sayn mit Sayner Hütte und Schmetterlings-garten S. 62
27 [Faltplan] Höhr-Grenzhausen (Kannenbäckerland) S. 65
28 [Faltplan] Bad Ems S. 66
29 [Faltplan] Lahnstein S. 69
30 [Faltplan] Marksburg (Braubach) S. 70
31 [Faltplan] Boppard S. 71
32 [Faltplan] St. Goar und St. Goarshausen S. 73
33 [Faltplan] Loreley S. 75
34 [Faltplan] Burg Eltz S. 79
35 [Faltplan] Cochem S. 80

★5 [B7] Josefskirche S. 42
★6 [B4] Herz-Jesu-Kirche S. 42
★7 [B7] Krankenhauskapelle St. Martin S. 42
★8 [G3] Dähler Born S. 45
★9 [F2] Dikasterialgebäude S. 45
★10 [F4] Kapuzinerkirche S. 45
★11 [F3] Mutter-Beethoven-Haus S. 45
★12 [F3] Rhein-Museum Koblenz S. 45
•13 [G3] Ehrenbreitsteiner Festungsaufzug S. 50
45 [C3] Künstlerhaus Metternich S. 84
47 [C5] Galerie Handwerk Koblenz S. 85
48 [C3] Galerie Jean-Marc Laik S. 85
49 [D3] Galerie Speier S. 85
50 [C4] Galerie Wutzke S. 85
51 [C3] Gutsbrüder – Beer Room S. 88
53 [D3] adaccio S. 89
54 [D3] Einstein S. 89
55 [E2] Gerhards Genussgesellschaft S. 89
56 [C3] SauBar S. 90
58 [C3] Verbene S. 90
59 [A3] Kraut & Rüben S. 90
60 [D3] Galestro S. 90
61 [E3] Verbene Bistro S. 91
62 [C3] Café Bistro Pfefferminzje S. 91
63 [C4] Essgeschäft S. 91

64 [C3] Frittenwerk S. 91
65 [B6] Im Süden Feinkost und Kochbar S. 91
66 [D3] Semano's S. 91
67 [C3] Stadtflair S. 91
69 [C3] Zum Eßkesselchen – Max&Moritz Grill S. 91
70 [B6] Brustolon Eiscafé S. 91
71 [B6] Café Guglhupf S. 91
72 [C3] Café Werrmann S. 92
73 [C4] Kaffeejunge S. 92
74 [C3] Laibgenuss S. 92
75 [C3] eGeLoSIa S. 92
76 [D3] Mephisto S. 93
77 [D5] Weindorf Koblenz S. 94
79 [C2] Weinhaus Hubertus S. 94
81 [E3] Winninger Weinstuben S. 94
82 [F4] Cuvée Lounge S. 94
83 [E2] Königsbacher Biergarten am Deutschen Eck S. 94
87 [D3] Görreshaus S. 95
89 [D5] Rhein-Mosel-Halle S. 95
91 [D3] Daddy O's S. 96
92 [C3] Gecko Lounge S. 96
93 [D3] McCoy S. 96
94 [B3] Spökes S. 96
95 [C4] Circus Maximus S. 96
96 [C2] Druckluftkammer S. 96
97 [C4] Forum Mittelrhein S. 97
98 [B3] Löhr-Center S. 97
99 [C3] Buchhandlung Heimes S. 97
100 [B5] Buchhandlung Reuffel (1) S. 98
101 [C4] Buchhandlung Reuffel (2) S. 98
102 [D3] Leonardo-Outlet S. 98
103 [C3] Werner Christ Store S. 98
104 [D3] Antiqitäten und Alte Kunst H. Knödgen S. 98
105 [C4] Auktionshaus Lux S. 99
106 [D3] Glanz & Design S. 99
107 [C3] GlanzZeit Schallplatten S. 99
108 [C4] Oxfam S. 99
109 [A3] Wirtschaftswunder S. 99
110 [C3] Bazaar of Wunderbar S. 99
111 [B5] Cofone Weinhandel S. 99
112 [D3] Frl. Diehl Karamell S. 99
113 [C3] Hut Schnell LEO Koblenz S. 99
114 [C4] Musik Thilemann S. 99
115 [C3] Pfeffersack & Soehne S. 99
116 [C3] Pipe House S. 99
125 [C4] Forum Mittelrhein-Parkhaus S. 119
126 [B4] Parkhaus Löhr-Center S. 119
127 [C3] Schängel-Center Tiefgarage S. 120
128 [D4] Schloss-Tiefgarage S. 120
129 [C3] Kurioos S. 122
132 [B3] Apotheke im Löhr-Center S. 123
133 [B7] Rheingold-Apotheke S. 123
139 [B6] Hauptpost S. 125
140 [B7] Micha's Rad-Atelier S. 126
141 [B3] Polizeipräsidium Koblenz S. 126
142 [C3] Super 8 by Wyndham Koblenz S. 128
143 [B6] GHOTEL S. 128
144 [C4] sander Hotel S. 128
145 [A5] Top Hotel Krämer S. 128
146 [F4] Diehl's Hotel S. 128
152 [C5] Hotel Brenner S. 130
155 [E1] Knaus Campingpark Rhein-Mosel S. 130
157 [B5] Ulrikes Kulturbackhaus S. 92

Hier nicht aufgeführte Nummern liegen außerhalb der abgebildeten Karten. Ihre Lage kann aber wie die von allen Ortsmarken im Buch mithilfe der Web-App angezeigt werden (s. S. 137).

Benutzungshinweise

Cleveres Nummernsystem

Die Sehenswürdigkeiten sind im Text und im Kartenmaterial mit derselben **magentafarbenen ovalen Nummer** 1 markiert. Alle anderen Lokalitäten wie Geschäfte, Restaurants usw. tragen ein **Symbol und eine fortlaufende rote Nummer** (1).

Bewertung der Sehenswürdigkeiten

★★★ nicht verpassen
★★ besonders sehenswert
★ wichtig für speziell interessierte Besucher

Planquadrat im Kartenmaterial

[A1] Orte ohne diese Angabe liegen außerhalb unserer Karten. Alle Ortsmarken werden in der buchbegleitenden Web-App angezeigt (s. S. 137).

Der Schmetterling ...

zeigt an, wo man Angebote im Bereich des nachhaltigen Tourismus findet.

MEIN TIPP

Persönliche Empfehlungen des Autors bzw. der Autoren.

Preiskategorien

Gastronomie

€	bis 25 €
€€	25–45 €
€€€	über 45 €

Preis für ein Dreigangmenü ohne Getränke

Unterkünfte

€	bis 110 €
€€	110–160 €
€€€	über 160 €

Preis für ein Doppelzimmer ohne Frühstück

Updates zum Buch

www.reise-know-how.de/citytrip/koblenz24

Vorwahlen

- für Deutschland: 0049
- für Koblenz: 0261

Zeichenerklärung

10 Hauptsehenswürdigkeit, fortlaufend nummeriert
[N9] Verweis auf Planquadrat im Kartenmaterial

Aussichtspunkt
Arzt, Apotheke, Krankenhaus
Bar, Club
Bibliothek
Biergarten, Brauhaus, Kneipe
Café
Camping, Zeltplatz
Denkmal
Friedhof
Friedhof, jüdisch
Galerie
Geschäft, Kaufhaus, Markt
Hotel, Unterkunft
Imbiss, Pizzeria, Bistro
Informationsstelle
Kapelle
Kirche
Moschee
Museum
Musikszene, Disco
Parkplatz/-haus
Polizei
Post
Restaurant
Sehenswürdigkeit
Sonstiges
Synagoge
Theater
Vegetarisches Restaurant
Weinlokal

Shoppingareal
Gastro- und Nightlife-Areal
Stadtspaziergang (s. S. 14)

LINIENNETZPLAN
Koblenz Tagnetz